楞嚴經新詮

李治華 著

〔自序〕自從一見楞嚴後

佛教千經萬論，佛學義理深廣，何部經論足以做為完善的佛法通論？歷來《楞嚴經》被稱譽為「統攝大藏、大藏總序、教海指南、禪宗正眼，無逾此經」，有「開慧（悟）的楞嚴」之美名。

筆者初讀《楞嚴經》時，雖然對於此經不甚了了，但是經中開示的宇宙人生事理，卻令我大開眼界，因而決心深研此經。不忘此念，便是本書產生的原動力。

此經第一部注疏的產生機緣，是唐相國房融家人，供養十位僧人，齋前取出房融助譯的《楞嚴經》十卷，請每位僧人開題一卷，其中惟愨法師舒展卷四，見富樓那問宇宙的生起義，文婉理玄，當下發願疏經。筆者對惟愨的著疏心情，甚有戚戚焉之感。

古德有詩云：「自從一見楞嚴後，不讀人間糟粕書。」這是寫詩之人的有感而發。為何《楞嚴經》能夠吸引古今之人一讀此經便欲罷不能？這部經層次分明的深入廣顯，浩瀚壯闊而剖理細密，廣包佛法卻在在獨到，精彩絕倫，令人歎為觀止。也因此，筆者體會到為什麼被尊稱為「近代中國佛教復興之父」的楊仁山居士（一八三七—一九一一），在書攤初次看到此經時，一口氣讀至書店關門才忍離去，因為此經的確引人入勝！

本書分為五大主題，三十八篇子題（以下簡介摘自《人生》雜誌編案），略述如下：

一、開慧寶典

宏觀《楞嚴經》的來歷、價值、主要內容與特色：

1. 跨宗派的寶典《楞嚴經》——《楞嚴經》的傳譯過程與輝煌價值：被譽為「總攝大藏、圓滿究極」的《楞嚴經》，由龍樹菩薩在龍宮見到後默誦而出，文辭簡奧巧妙、勝妙獨出，是天台、華嚴、禪宗、淨土宗共倡的跨宗派寶典，被許多大師奉為修行的準則，如憨山大師、蕅益大師，乃至近代的虛雲老和尚、太虛大師等。

2.展開學佛歷程的全景圖——《楞嚴經》的宗旨與全經結構：《楞嚴經》經旨在開示楞嚴大定，以使修學者能夠得全道力，本文將《楞嚴經》的宗旨與全經脈絡，搭配經名進行詮釋，修證楞嚴大定貫穿了信、解、行、證從始至終的學佛歷程，正是本經的宗旨與歸趣。

3.顯密圓通的楞嚴法門——〈楞嚴咒〉與《楞嚴經》：說明〈楞嚴咒〉在經中的特出之處，並解說〈楞嚴咒〉的版本差異。在楞嚴法門的修行上，經、咒是合一的，持咒不持經或持經不持咒都不究竟，兩者不能偏廢。

二、尋找真心

《楞嚴經》開經後的三個重要橋段：摩登伽女、七處徵心、十番顯見，在在從身心實存感中啟發覺性，引導我們尋找真心。

1.飲食男女——《楞嚴經》的啟教因緣：《楞嚴經》的宣說緣起，乃因阿難尊者遭受邪咒淫術之難，摩登伽女淫躬撫摩阿難，即將毀犯阿難的清淨戒體；佛及時派遣文殊菩薩以神咒保護阿難，阿難與摩登伽女五百世以來的欲海糾纏，今生終於斬斷情執，共成佛道。

2.尋找身心的實存處——《楞嚴經》七處徵心：修行常說要修心，到底心在哪裡？針對佛陀「心在何處」之問，阿難七番覓心的回答，一一都被佛破斥，這便是《楞嚴經》開經後著名的「七處徵心」，又稱「七番破處」。

3.覓心了不可得——《楞嚴經》攀緣心即空：《楞嚴經》的「七處徵心」中，佛陀透過析空觀、體空觀來破阿難的「攀緣心」，阿難不懂其真義，竟害怕自己如同土木「無心」，佛陀予以棒喝，欲警醒阿難，讓其領悟「覓心了不可得」。

4.破妄心顯真心——《楞嚴經》的根本命題：在《楞嚴經》中，佛問阿難：「心在何處？」真心是眾生本有的佛性、覺性，但眾生錯認妄心為本心、真心，向外貪求攀緣，心水擾動，喪失定慧光明，導致惑業苦的生死輪迴不斷。

5.水窮雲起——《楞嚴經》十番顯見：阿難從桃花劫歸來，佛陀使阿難覓心、破妄心，力陳真心，希望阿難悟入真心，阿難終知自身的病根在於依恃佛陀、倚賴聽聞，因而慟泣復加反省，大死大生，從妄心的攀緣多聞，進而求取真心的真知灼見。

6.真心超越時空——《楞嚴經》覺性不動不滅：《楞嚴經》「十番顯見」中，首先指出「能見是心」，從「能見（視覺）」指點真心的特性，再從「顯見不動」、「不滅」、「不失」，來彰顯覺性的時空屬性，可知真心超越空間，也超越時光，更超越得失。真正體會身心、山河、虛空大地，都是妙明真心中物。

7.找回自家主人翁——《楞嚴經》覺性無還無礙：佛在《楞嚴經》的「顯見不失」中，責備阿難失卻自家的真心，但阿難實不知佛陀所指「真心」為何？佛陀再以「顯見無還」、「顯見不雜」、「顯見無礙」，開示有關覺性的主體屬性，希望阿難能找回自家的主人翁。

8.真心妙不可言——《楞嚴經》覺性超情離見：佛向阿難解說真心的不可思議，但阿難一再以概念把捉佛說，無法悟入，佛陀再以「顯見不分」、「超情」、「離見」開示真心，希望阿難破除主客、是非二元概念，返照自家真心。

9.擘開祕密千重鎖——《楞嚴經》的心性結構：《楞嚴經》精闢深奧，經中開示常令讀者拍案叫絕、驚歎不已，但佛與阿難的重重論辯過程，卻也常讓人困惑難讀，難以洞明其中奧旨。從經中「徵心、顯見」的相關經文與注疏，彙整出的「《楞嚴經》心性結構解析表」，讓讀者依此可掌握到《楞嚴經》的心性特色，一解真心與妄心之間的流變關係。

10. 佛陀遇見蘇格拉底——《楞嚴經》徵心顯見的啟示：佛陀是東方智者，蘇格拉底是西方智者，但他們生前無緣相遇，透過《楞嚴經》與《深夜加油站遇見蘇格拉底》，讓我們見到「心」的重要性，人生意義的彰顯即是「覓心」的過程。東、西方的價值觀也許不同，但心靈的需求是一樣的，覓心是人一輩子的功課，無論是《楞嚴經》的阿難，或是《蘇格拉底》的丹．米爾曼，隨著佛陀與老人的教導，逐步體悟人生真理。

三、真空幻有

《楞嚴經》從五陰、六根、六塵、六識等組成身心及宇宙的基本元素中，指出諸法緣起性空、唯心幻現，證悟真理的聖者紛紛現身說法。

1.虛擬世界——《楞嚴經》五陰皆空：五蘊又稱五陰，指的是色、受、想、行、識。《心經》概要指出「五蘊皆空」，但缺少生活化、具體化的例舉；而《楞嚴經》則分別以空花、摩掌、望梅、流水、瓶空等比喻「五陰皆空」，讓我們了解「現象皆空」，進而顯現「本體不空」。

2.觀空與參禪——《楞嚴經》空如來藏：「空如來藏」是《楞嚴經》很重要的觀念，空性與如來藏是一體兩面，觀空的常用方法是觀察現象之間的緣起關係，從而證明緣起性空，現象無實，是如幻如化的生起；參禪則更須參究現象如幻生起的終極來處，從現象追究至本體，徹法底源。

3.六根清淨方為道——《楞嚴經》六根虛妄與圓通：《楞嚴經》談「六根虛妄」，指的是「合塵的六根覺性」，而經中在「二十五圓通」中則有「六根圓通」，六根圓通，是覺知能力的提昇，離塵而知，逆流而上的法門。

4.櫻花下的約定——《楞嚴經》「誰明空色」：佛陀舉了種種譬喻直指「五陰皆空」，但誰又能明空色？透過電影《櫻花下的約定》，櫻花的盛開、凋零再盛開，描述女主角經歷喪女、女兒的輪迴重生、放手，明白生死無常的人生真相，也讓我們了解「五陰皆苦」，唯有放下，才能解環自在。

5.靈光獨耀，迴脫根塵——《楞嚴經》根塵虛妄與圓通：凡夫總以六根結合六塵的現象為真，常在見色聞聲之時，處處執著，《楞嚴經》舉出生活例證，佐以聖人見證，要我們當下體驗，分析根塵組合，終究緣起性空，但離妄緣，即如如佛。

6.眼見為實不足憑——《楞嚴經》識性虛妄與圓通：六根、六塵、六識為十八界，是形成認識的「因、緣、果」，若以「眼、耳、鼻、舌、身、意」等六種認識官能「六根」為因，面對「色、聲、香、味、觸、法」等「六塵」則為緣，產生「六識」即為果，緣生如幻，當體即空。

7.戲夢人生——《楞嚴經》合塵與合覺：人們喜歡看電影，因為「戲如人生、人生如戲」，從中觀照人們因貪、瞋、癡，而不斷攀緣、執取、追求，從《美麗境界》、《千年女優》可清楚看見人心的清昧；回到現實人生，如果能返觀自心，明白一切皆塵勞虛幻，從虛幻中醒悟，將窺見本已具足的智慧。

四、自性圓滿

《楞嚴經》從組成宇宙的「七大」要素，揭露吾人自性圓滿具足一切法，又推崇以觀音菩薩的耳根圓通法門來「反聞聞自性，性成無上道」。

1.一色一香無非中道——《楞嚴經》七大性具：《楞嚴經》有七大之說，即地、水、火、風、空、見、識，七大緣起的原理與天台宗的「性具思想」有異曲同工之妙，「性具」是指萬有的差別原型，在本體性中都是具足的，所以萬法才能唯心所現；「性具萬有」即是「妙有」，也就是說，萬有的差別，其實是性具的表現與開展。

2.情與無情同圓種智——《楞嚴經》色、空、身、心的虛實觀：七大性具是《楞嚴經》的獨特見解，之前談性具時，以地大為例說明，在此續論火、水、風、空，無論是日光燃火、月光引水、整衣風動、鑿井出空，細細追究火、水、風、空的來處，都是緣生性空，無物可執，心性是具足一切的根源，緣起現象只是眾生心識的感招。

3.心淨則佛土淨——《楞嚴經》唯識與念佛法門：續談七大性具的識與根，「識大」貫通天台三觀與唯識三性的性相修證精髓，彌勒菩薩即諦觀十方唯識，識心圓明入「圓成實」，獲證圓通；「根大」則是將六根綁在佛號上，不攀緣外境，念念從覺性起，大勢至菩薩憶佛念佛，淨念相繼而獲圓通。

4.天堂來的法音——《楞嚴經》七大圓通的啟示：《在天堂遇見的五個人》與《楞嚴經》有何關係？主角艾迪在天堂遇見的五位「善知識」，猶如《楞嚴經》中圓通法門的菩薩們：七大圓通的持地菩薩、火頭金剛、月光童子、大勢至菩薩、彌勒菩薩、琉璃光法王子、虛空藏菩薩的體證，透過電影的人物與情節，有助於我們更了解各圓通法門的奧祕，進而去學習菩薩的願心。遇見善知識，把握因緣，即能改往修來，讓生命更圓滿。

5.不歷僧祇獲法身——《楞嚴經》阿難開悟：《楞嚴經》描述阿難遭摩登伽女之難，經文殊菩薩救歸之後，阿難悔恨多聞卻乏道力，因此佛陀用「七處徵心」、「十番顯見」，幫助阿難覓心，繼而破妄心、見真心。

6.禪悟修證的歷程——《楞嚴經》頓悟漸修：《楞嚴經》素以文義雙妙、修證指南著稱，如何了解經中所陳的悟、修、頓、漸等修行層次？從宗密大師的「五漸頓法」與天台宗的「六即佛」，有助於我們理解，猶如阿難頓悟真心本來圓滿，但仍須向佛陀請法，才能逐漸除盡各種障礙，證得真如。

7.反聞自性——《楞嚴經》觀音菩薩耳根圓通：《楞嚴經》的耳根圓通法門，是觀音菩薩證道的方法，也很適合耳根聰利的娑婆眾生修習，本文一一解析每個階段的修證歷程，幫助我們運用耳根「離中覺知、淺顯易入、功德圓通」的特性，一門深入，超凡證聖。

8.楊枝淨水遍灑三千——《楞嚴經》、《法華經》的觀世音菩薩：觀音菩薩在《楞嚴經》自陳修行的因地方法及果地功德，觀音菩薩證得「耳根圓通」後，獲二殊勝、三十二應身、十四無畏、四不思議之功德，如《法華經》的描述，聞聲救苦、普門示現。

9.第一中的第一法門——《楞嚴經》文殊菩薩評二十五圓通：《楞嚴經》述說二十五圓通法門，各法門都各有其契合者，故文殊菩薩說：「歸元性無二，方便有多門。」但是對於初學者來說，文殊菩薩認為觀音菩薩的「耳根圓通」，還是娑婆眾生的最佳入手處。

五、超越魔境

從禪修入門到證悟佛境界之間必須超越「五陰境界」，「五十陰魔」的揭露尤其是末法時代的照妖鏡、降魔杵、斬魔劍。

1.過關斬將——《楞嚴經》五陰境界：有了《楞嚴經》這面「五陰境界」照妖鏡，幫助修行者明辨五十種魔事，不被五陰覆蓋，用智慧過關斬將，在破妄的同時即顯真，迴光返照真心自性。

2.潛能開發百分百——《楞嚴經》五陰境界與《露西》：透過電影《露西》主角的進化過程，有助我們更理解《楞嚴經》的「五陰境界」，色、受、想、行、識從現代科幻電影的視角闡釋，竟使得深奧的禪修層次更易懂，邪見與正見立即分明。

3.色不迷人人自迷——《楞嚴經》色陰十魔：《楞嚴經》的十種色陰境界，大都是用功所導致的善根發露，尤其禪修有成之後，天魔鬼神會來擾亂，只要持續專注用功，不貪著好境界，自能安然度過。

4.喜怒哀樂愛惡欲——《楞嚴經》受陰十魔：禪定在「色陰盡」後，就進入了「受陰區」，此時一旦執著感受，將引發邪魔依附身心，產生悲、狂、憶、下劣易知足、常憂愁、好喜樂、大我慢、好清輕、空、欲等受陰十魔，禪修者不得不慎，以避免誤入魔道。

5.思入風雲變態中——《楞嚴經》想陰十魔：當禪修進入想陰區，若有所貪求，魔王即發動妖魔鬼怪前來擾亂，可能假裝出家修道，或附身人體，或親自現形，修行者千萬要戒慎警覺，認清魔道亂象，繼續精進。

6.《西遊記》的降魔修練——《楞嚴經》五陰魔境：《西遊記》中，唐僧領著徒弟們赴西天取經，一路斬妖除魔，引人入勝，猶如《楞嚴經》提及禪修須歷經五十陰魔的考驗，藉由《西遊記》，幫助我們更了解禪修會遇到的魔考。

7.行行重行行——《楞嚴經》行陰十魔：進入行陰區的禪修者，要面對的是自己的心魔，此涵蓋了時空、生死等問題，共計六十二見，恰與「外道六十二見」數目相同，可知《楞嚴經》行陰十魔，刻意以六十二象徵外道思想，提醒修行者切莫誤入歧途。

8.神鬼神帝，生天生地——《楞嚴經》識陰十魔：《楞嚴經》強調識陰是眾生輪迴、六根攀緣的生命根本，識陰區與佛境界只剩一步之遙，但若缺乏正見，差之毫釐，卻天地懸隔，尤其識陰十魔微細生滅，更難以察覺，禪修者千萬警慎。

9.尋找失樂園——《楞嚴經》五陰幻境與《少年Pi的奇幻漂流》：《少年Pi的奇幻漂流》的奇幻境遇，與《楞嚴經》的五陰幻境竟有呼應之處，派（Pi）一次次地掙脫身心枷鎖、一次次地超越，然而，他終究停留在窺見神性的光輝，未體會到佛性的反求自心。

以上是本書內容概要介紹。

民國初年有「楞嚴獨步」之譽的圓瑛法師（一八七八——一九五三），鑽研《楞嚴經》四十餘年之後說：

（圓瑛）所著經論講義，已出版流通者，十有餘種，惟此經講義，遲遲著述者，何也？以《楞嚴》妙義，豐富深藏，每講一次，則有一次發明……。

《楞嚴》妙義，豐富深藏，所以圓瑛法師遲遲才下筆著疏此經，筆者更限於才力與學識，疏略偏失在所不免，尚祈博雅君子不吝賜教。

本書的產生，感謝法鼓山《人生》雜誌四十期的連載、悉心編輯，華梵大學佛教學系、東方人文思想研究所、華梵大學文教基金會、華嚴專宗研究所、齊明別苑、金城講堂師生的支持鼓勵，及感恩父母、二姊、內人、所有親朋好友的愛護照應。

李治華

二〇一七年十一月十一日

於華梵大學佛教學系

〔推薦序〕知其解者，是旦暮遇之

認識李治華老師將近三十年了，他是一位德學兼備的篤實之人。二十年前我在寫碩士論文、研讀《華嚴經》的時候，每每遇到義理深奧難懂之處，都會問他，雖然他從未讀過《華嚴經》，但他總能給我一個絕妙的答案。不過最令我驚訝的是，事後當我偶然讀到古德的相關論述，竟與李老師所言，一一相同，著實讓我驚歎他的悟性之高。

佛經若想領悟的深透，除了用功，真的需要一些慧根，尤其像《楞嚴經》的文詞和義理皆深奧難讀，一般讀者不免望經興嘆；不過李老師對於古文的解讀能力之強，連中文系科班出身的我，都自嘆弗如。李老師的碩士論文是研究《楞嚴經》，他不僅博覽現代人的著作，而且古德的注疏論著，他也遍覽無遺，專精研讀，用功之深，旁人難及；在講求快速效率的現代，少有人再做這樣的死工夫了。本書就是在他長期研讀古典文獻的紮實基礎上，以適合現代人的理解方式，娓娓道出鞭辟入裡的楞嚴法義。在汗牛充棟的書海當中，本書確實有其難得可貴之處：

1.參綜古今、融會貫通：李老師於一九九四年完成碩士論文《楞嚴經哲學之研究》，這篇碩論參綜古今各家註解，融會貫通，在歷來的博碩士論文中是第一篇以《楞嚴經》為主題的學位論文。其後二十多年來，他又發表多篇相關的學術論文，陸續講授《楞嚴經》數次。這二十多年來，他對《楞嚴經》的體會，已不只是知識的層面，更已融入到他的生命之中，因此本書不僅有著知性的慧光，還有著一份對生命領悟的深刻洞見。

2.剖析堂奧、簡明扼要：本書各單元，原刊登於法鼓山《人生》雜誌的「楞嚴導讀」專欄，從三六六期至四〇六期，共連載四十期，導讀《楞嚴經》三分之二的經文，包括：摩登伽女、七處徵心、十番顯見、四科七大、阿難開悟、二十五圓通、耳根圓通、〈楞嚴神咒〉、菩薩階位、五陰境界（五十陰魔）等重要主題。每期二千多字，搭配圖表，自成單元。所以，本書在篇章安排上，呈現出簡明扼要的小單元型態；在經義解釋上，以深入淺出、淺顯好讀的方式，揭示出《楞嚴經》的深奧法流。

3.現代新詮、別出心裁：李老師雖以古德注疏為基礎，但他卻能以合乎現代人的思維與閱讀習慣，撰寫出一篇篇精闢透徹的小單元，以便於讀者悅讀及理解。舉凡經典的「價值與結構的發掘」、「理論與實踐的配套」、「哲理與禪修的探討」，在在都有別出心裁之處。如：〈跨宗派的寶典〉中提揭《楞嚴經》、《法華經》、《華嚴經》的相對地位與互補性；〈擘開祕密千重鎖〉中彙整出本經心性層次表解；〈不歷僧祇獲法身〉中探究阿難的開悟歷程；〈觀空與參禪〉、〈禪悟修證的歷程〉、〈反聞自性〉、〈過關斬將〉中探討禪修理論；更將根塵識十八類、七大的理論與二十五圓通的行證，一一搭配講解。全書談教理時，隨即以禪悟修證的事例來說明，有理有例證，不僅有助於理解玄妙之理，並且豁顯出《楞嚴經》禪教合一、解行相應的意趣。

4.活用電影、會通文藝：本書另一大特色，就是書中四分之一的篇幅，運用電影來談楞嚴法義，巧妙地將難懂的楞嚴法義，藉由生動有趣的電影鋪敘開來。譬如：藉《深夜加油站遇見蘇格拉底》詮釋了「七處徵心」與「十番顯見」共十七個觀點；由《在天堂遇見的五個人》、《風起》、《風之谷》三部影片，旁通七大圓通；從《美麗境界》、《千年女優》、《我想念我自己》三部影片，凸顯攀緣心的執取情態；而《櫻花下的約定》、《露西》、《全面啟動》、《西遊記》、《少年Pi的奇幻漂流》五部電影，則反覆剖析了五陰境相。

《楞嚴經》深奧而古典，電影則平易而近人，李老師透過貼近生命的電影來解讀《楞嚴經》，深化了電影的內涵，也使深奧的楞嚴法義豁顯開來，使二者碰撞出智慧的火花。誠如莊子所說：「知其解者，是旦暮遇之。」真理確實總能超越時空相遇，《楞嚴經》與現代電影兩相對照，使經典不再是高不可攀的架上書，而是與生命息息相關的生活智慧。

銘傳大學教師
陳琪瑛
二〇一七年十一月十七日
於汐止華嚴書齋

〔推薦序〕認識虛妄見真心

《楞嚴經》是一部談論如何修定的經典。這個「定」不是普通的定，而是「大定」，稱為「大佛頂首楞嚴」，它是以「佛頂」為喻，表示這個定至尊、至高、至大。「首楞嚴」是它的名字，意思是堅固不動，非生非滅，性中所有，非修所成；能夠把握住，即是修證的關鍵，了義之談，也是諸菩薩萬行的根據，成佛的密因。

全經共十卷，第一卷藉由阿難乞食誤墮淫室為發起之端，暢談真妄之辨，由是依真而修，共有二十五個法門，個個皆是歸家的道路。關鍵所在，是對這個「真心」有如實的了解。經文從第一卷到第三卷是對這個「真心」做一番「理論」式的探討，第四卷的前半，是談一切法若是皆「真」，則何以有「妄」？合此兩部分，是《楞嚴經》的「見道分」，須有這個「見道」的理悟，才能進入「修道」的範圍；由是而談「依根而修」的理論，即依根中「不生滅性」而修，二十五個法門之中，「耳根圓通」殿其後，文殊菩薩揀擇：「此方真教體，清淨在音聞。」耳根具有三種真實，合於此土，聖凡共被，是最殊勝的修行法門；問答至此，阿難自謂已悟成佛法門，而願度末世眾生，復請安立道場與攝心要義，佛開示四種清淨明誨、道場結界之法與〈楞嚴神咒〉，這是第四卷後半到第七卷前半的內容，稱為「修道分」。從第七卷後半到卷八後半，是「證道分」，顯其妙位，迷悟不同，成十二類；而歷位圓修，從乾慧地至妙覺位，漸次證入，有五十五位菩薩之路。卷八後半至卷十末，是「助道分」，精研七趣，令知六道輪迴，此外，佛無問自說五十陰魔，幫助修行人，知所警惕。以上是《楞嚴經》的大概內容。

本經自唐代翻譯以來，深受中國佛教徒的喜愛，有著特殊的地位與影響，獲得中國佛教各個宗派的崇敬，並且，注疏繁多，據學者的研究，數量在諸經之上，當是名列前茅。然而，《楞嚴經》雖有各個宗派為它做解釋，這部經典深刻的義理，卻未必得以朗現，近世以來，甚至有「偽經」的指摘，這種兩極化的評價，加深《楞嚴經》撲朔迷離的一面，究竟《楞嚴經》有何魅力？可以稱為「開悟」的經典，卻又如此具有爭議性！正因為學術界普遍認為它不是真的從印度傳來，對它的研究，多在「考證」方面下工夫，至於經文的「義理」為何？研究不多，傑出的成果也少。在臺灣，大專院校中，以《楞嚴經》為研究對象，二十多年來，寥寥可數；在大陸，情況也是差不多。那麼，有沒有辦法讓我們一窺堂奧，淺嚐法味？

也許，治華兄這部《楞嚴經新詮》可以發揮這方面的功能，因為《楞嚴經》是一部大經，他卻善能運用現代人的思維，通過「演義」的方式，把它娓娓道來。所謂「演義」，是中國文學的一種體裁，是把經典通俗化，用生動淺白的語言，豐富精彩的描寫，加以演繹，讓一般社會大眾可以了解接受。治華這部著作，分為五講，共三十八個子題，正是有感《楞嚴經》的艱深難讀，他不是採用傳統依著經文來解釋，也不大使用經文，而是以白話來說明。並且，引用了禪師的禪詩做佐證；其次，則是通過電影與經典兩兩相對照，以見《楞嚴經》的微言大義，這是本書的特色。

我與治華認識於二十多年前，他是哲學系畢業，第一個做《楞嚴經》碩士論文的人，有著嚴密的思想與思考能力，我們相遇於《慧炬》雜誌社，當時，我正在準備博士論文，是以「耳根圓通」為題目，他便送我一本畢業論文，相約交換。約在八年前，治華來到華梵大學佛學系任教，其後，當上系主任，在校內，我們幾個老師合力推出一個「《楞嚴經》思想研究室」，定期聚會，舉辦過一次論文發表會，他是實際的負責人，做事認真；此外，他在佛學系講授《楞嚴經》，教學經驗豐富，在法鼓山《人生》雜誌撰寫「楞嚴導讀」專欄，這次得聞他的大作即將出版，本人受出版社編輯之邀，寫一篇短文以做介紹，茲以「認識虛妄見真心」為題，一則，點出《楞嚴經》全經的宗旨，再者，用以紀念我們這段相識的因緣，是為之序。

華梵大學中文系副教授

胡健財

謹序於薈萃樓研究室

目錄

〈第一講〉開慧寶典

跨宗派的寶典《楞嚴經》

——《楞嚴經》的傳譯過程與輝煌價值

《大佛頂．如來密因．修證了義．諸菩薩萬行．首楞嚴經》，亦名《中印度那蘭陀大道場經》全文十卷、六萬二千多字。此經歷來簡稱《大佛頂首楞嚴經》、《大佛頂經》、《首楞嚴經》、《楞嚴經》，其中又以《楞嚴經》之名最為普及。

楞嚴三昧，本性大定

《楞嚴經》的經旨在於修證「首楞嚴」（簡稱楞嚴），「楞嚴」一詞於經中並無明文釋義，歷來引用梵名及《涅槃經》的解釋：

1. 梵名 śūramgama，意譯為「健相」，指最深廣的禪定「首楞嚴三昧」，在此定中勇健無比，降伏一切魔擾，分別了知所有三昧行相深淺。《楞嚴經》是針對初心學人開示的淺深同修之法，佛經中另有《首楞嚴三昧經》，專明楞嚴大定的功用威力，則是闡明深位菩薩所修的境界。

2.《涅槃經．獅子吼菩薩品》：「一切畢竟，而得堅固，名首楞嚴。以是故言，首楞嚴定，名為佛性。」首楞嚴是指一切事相的本體，皆是畢竟堅固不壞的佛性。

法賴人傳，願行堅固

《楞嚴經》的傳譯過程相當特殊而感人，足添一頁傳譯經典的千古美談。

（一）龍宮取經，智者遙拜

古來傳述，大海龍宮中典藏大量佛經，《楞嚴經》是由龍樹菩薩自龍宮中默記後，再誦出來的，之後印度國主將此經視作祕傳的國寶，嚴禁外傳。

據載，在《楞嚴經》傳來中國之前，天台智者大師（五三八—五九七）曾聽印度高僧提起：智者之著作《摩訶止觀》中「空、假、中三觀」與《法華經》中「六根功德」之義，都與印度的《楞嚴經》有著相合貫通之處；於是，大師日夜向西殷勤禮拜，期盼《楞嚴經》能夠及早到來，以資印證、解答心中所思，然而大師遙拜了十八年，最終卻仍未能得見此經，徒留「拜經台」遺址，訴說著大師未盡的心願。

（二）蜜帝剖臂，房融助譯

後來，中印度高僧般刺蜜帝（梵名 Pramiti，意譯作「極量」），發願要將《楞嚴經》流通東土，屢次暗攜此經出境，不幸都被邊關官吏查獲，無法成行，但般刺蜜帝仍不死心，不得已之下遂將經文書寫在細氈上，忍痛剖開手臂藏於其中，傷口癒合後，經文便潛藏在皮肉之內，如此才終於順利將《楞嚴經》攜出邊關。

般刺蜜帝遠從海路來到我國廣州，這時巧遇唐朝前宰相房融，房融文才高妙，協助翻譯經典，但遭血塊凝結的《楞嚴經》無法啟閱，在這進退不得之時，房相國的女兒想出可以用乳汁浸泡「血漬經」，才將經本上的積血化開，般剌蜜帝才得以順利翻譯經典，而由房融筆受潤文，神龍元年（七〇五）終於在制止寺（現今廣東光孝寺）譯出了《楞嚴經》。

譯經之後，般剌蜜帝心願已了，只是他將《楞嚴經》暗中攜出國境又公開翻譯出來，唯恐邊關官吏受到責罰，於是即刻動身返國，寧願自己一人領受偷渡經典的罪責，也不願牽累他人，般剌蜜帝傳譯經典的難行能行與高風亮節，足範後世。

思及前賢的弘法熱忱與精進無畏，如智者大師遙拜十八年、蜜帝剖臂藏經，不禁感慨，今日我們何其有幸，輕易就能讀到祕傳寶典《楞嚴經》！

文義雙妙，修證指南

《楞嚴經》素以文義雙妙、修證指南著稱。歷來讚歎本經：在義理上，本經總攝大藏、圓滿究極，是最佳的教海指南；在文學上，本經的文辭簡奧巧妙、委曲精盡、典雅華麗、恣肆汪洋、勝妙獨出，為讀者所傾倒；在修證上，本經是禪門正眼，也是抱本修持的絕佳選擇，歷代許多祖師大德都將此經做為禪修指導準則，並獲得了殊勝的感悟印證。

由於本經尊勝異常，明末的憨山德清大師（一五四六—一六二三）、蕅益智旭大師（一五九九—一六五五），以及民初的虛雲老和尚（一八四〇—一九五九）等佛門龍象，在面對浩如煙海的大藏時，皆首推此經為要為先。如禪門泰斗虛雲老和尚說：

> 現正是末法時代，你到哪裡訪善知識呢？不如熟讀一部《楞嚴經》，修行就有把握，就能保綏哀救，消息邪緣，令其身心，入佛知見，從此成就，不遭歧路！
>
> 看藏經，三年可以看完全藏，就種下了善根佛種。這樣看藏經，是走馬看花的看。若要有真實受用，就要讀到爛熟，讀到過背。以我的愚見，最好能專讀一部《楞嚴經》。只要熟讀正文，不必看註解。讀到能背，便能以前文解後文，以後文解前文。此經由凡夫直到成佛，由無情到有情，山河大地、四聖六

凡、修證迷悟、理事因果戒律，都詳詳細細地說盡了，所以熟讀《楞嚴經》很有利益。

經王之倫，諸宗共崇

在漢傳佛教中，《法華經》及《華嚴經》被公推為「經王」，而《楞嚴經》自唐代翻譯以來，逐漸與《法華經》、《華嚴經》鼎足而立，佛門常將三經並列而說：「開慧的楞嚴，成佛的法華，富貴的華嚴。」顯然漢傳佛教界已視《楞嚴經》為經王等級之作，或許這三部經也可說是「漢傳圓教三大部」了。

這三部經典各具特色，對了解整體佛法起著相輔相成的作用。《法華經》在暢「佛意」，開示佛陀施教的本懷，是欲令眾生皆能成佛，若以教育體系來說，就如同教育部，規畫教育理想、方針、次序，立訂師生軌範，從小學、中學、大學循序漸進，以成就國民的學識品格；《華嚴經》在顯「佛境」，開示最高廣的、無比富貴的佛境界，可比喻為研究所博士班的課程；《楞嚴經》則在明「佛義」，《楞嚴經》從佛性的觀點上統攝了佛教各層面的教理，就如包含了小學、中學、大學的學程，但對博士班——《華嚴經》鋪顯的佛境界，則只點到為止、略說而已。因此，《法華經》、《楞嚴經》、《華嚴經》並列有其深義，互補統整這三部各具特色的經典，方可構成相當圓滿的佛教教育體系。

《楞嚴經》也是漢傳佛教諸宗，如天台宗、華嚴宗、禪宗、淨土宗共倡的跨宗派寶典，最得通量，誠如太虛大師（一八八九—一九四七）說：

> 一部中兼該禪、淨、律、密、教五，而又各各專重，各各圓極，觀之諸流通部既未概見，尋之一大藏教蓋亦希有；故唯本經最得通量。

此外，本經也是釋、儒、道三教交涉中的重要焦點。所以，本經的論疏浩繁，從中唐至清末高達一百五十部以上，現存約六十種注疏，諸宗學人皆從各自的立場發揮經義，民國以後又有上百部的楞嚴專書行世，本經的論疏數量於諸經中，無疑是名列前茅的。

現代學術界疑古之風盛行，在《楞嚴經》的傳譯過程與真偽之辨上，各種說法紛紛擾擾、莫衷一是，這也導致了現代學術界嚴重漠視本經的價值，然而這些考據問題，其實都難損於此經自具的輝煌價值。據《法滅盡經》說：「當佛教滅法時期來臨之時，《首楞嚴經》將是最先消失的一部佛經。」綜觀現今學術界，楞嚴正法即已陷入了隱沒不彰的地步，值此之際我們更當倍加努力，將《楞嚴經》積極弘揚開來。

展開學佛歷程的全景圖

——《楞嚴經》的宗旨與全經結構

《楞嚴經》的文義相當深奧難解，明代知名的華嚴學者，也是楞嚴大家的交光真鑑法師，述及自身悟入《楞嚴經》的寶貴經驗：「我攝念靜坐之後，隨意取閱架上古德天如惟則禪師（一二八六—一三五四）的《楞嚴經會解》展玩閱覽，當下不知是何種境界，忽然眼睛湛朗，心竅畫開，對於《楞嚴經》的周迴曲折，無不洞見。譬如平日在一座大宅之中，幽房暗室，曲巷迴廊，東西莫辨，前後難明，現在忽如升上最高樓台，展目之間，大宅的纖悉委曲，無不備見。當下悲欣交集，於是就經展拜，如親對如來，身毛皆豎，同時誓願注經遺世。」

交光大師悟入《楞嚴經》之後，對於經文的布局一目了然，誓願要將深奧難入的經文加以疏解通暢，歷經十年的朝夕用心，終於完成《楞嚴經正脈》之力作，大師將《楞嚴經》的宗旨與全經脈絡搭配此經的經名《大佛頂・如來密因・修證了義・諸菩薩萬行・首楞嚴經》進行詮釋。以下，仿照交光大師，我們也順著《楞嚴經》的經名脈絡，解釋《楞嚴經》的宗旨與結構。

《楞嚴經》的宗旨與結構

經名	大佛頂	如來密因	修證了義	諸菩薩萬行	首楞嚴
代表意義	真理尊高偉大	佛性	耳根圓通	菩薩階位	佛性大定
學佛歷程	信	解	行	證	總攝宗趣
經文次第	經首半卷	第一卷半至四卷半	第四卷半至七卷半	第七卷半至十卷終	全經十卷

仰尊「大佛頂」生信

佛身莊嚴無比，在佛的三十二種相好中，頭上有隆起的肉髻相，不過眾生無法看見肉髻的頂點，這稱為「無見頂相」，「大佛頂」正是指佛肉髻相上的最高頂點，代表著我們應當仰信的、偉大的、至高無上且是無相不可見的尊貴真理。

《楞嚴經》的講經因緣乃是由於阿難尊者被邪咒控制，所以佛從頂相放光，光中又化現一尊佛，宣說〈大佛頂首楞嚴神咒〉，破除邪咒，救歸阿難。〈大佛頂首楞嚴神咒〉是無見頂相上的化佛所宣說的神咒，代表此咒是由真空妙有的最高境界所展現的神通妙用；〈大佛頂首楞嚴神咒〉是不可思議的，極具摧邪顯正、堅固信心、促進發心與求證佛道的威力，我們應當仰尊大佛頂而生信。

悟「如來密因」生解

對佛教的信仰，是必須從解行來親證的，具有正信之後，進而就須了解教理的真實內涵。「如來密因」是指眾生內在都擁有純淨至善的本性，只因貪欲煩惱蒙蔽自心，不知自己原來擁有無比珍貴的佛性；佛性即是我們純淨至善的本性、真心，也是成佛最重要的因素，因為我們不知，所以才稱為「密因」。

如何明心見性？如何解悟圓滿的真理？經中先從心性論上開演「七處徵心」，破斥妄心無處無體；「十番顯見」顯示真心寂常妙明；繼之從宇宙一切現象「四科七大」中，開示宇宙的本體論、發生論、圓融論，發揮「如來藏緣起」、「唯心」的真理觀，世界只是從眾生心識變現出來的一場大夢。

入「修證了義」成行

「修證了義」是要我們悟後起修，依據真理進行修行，才是了義的、究竟的修證，經中舉出「二十五種圓通」法門，尤其推薦觀世音菩薩的「耳根圓通」法門，耳根圓通是「反聞，聞自性」，從聽覺上觀照覺性，我們娑婆世界眾生的耳根最利，利用聽覺修行確實十分善巧。其次，經中也推崇大勢至菩薩「都攝六根，淨念相繼」的「念佛圓通」。

經中同時強調，除了圓通法門的「正修」之外，尚須輔以「助修」，奉行戒除淫欲、殺生、偷盜、妄語的「四種清淨明誨」，並持誦〈楞嚴神咒〉，藉由諸佛菩薩、護法龍天的威神力護持，遠離魔難，增福開慧，順利圓滿佛道。

「諸菩薩萬行」證果

經文在「諸菩薩萬行」部分，先列「十二類眾生」的種種顛倒相狀，繼之對照菩薩證果階位的「諸菩薩萬行」，包括：漸次三位、乾慧一位、十信、十住、十行、十迴向、四加行、十地、等覺、妙覺（佛），總計六十個菩薩聖位。

在菩薩證位之後，佛陀以五個經名共八十字來總攝全經妙義，現行的十九字經名便是從這五個經名中擷取出來的。其後為了「防非止邪」，避免誤證歧途，更加開示「七趣輪迴」、「五陰境界」。七趣輪迴的因果報應，除了一般說的六道輪迴之外，特別又針對成仙的「仙趣」加以說明。「五陰境界」闡述「五十種陰魔」，從禪定境界的角度，談及種種的錯誤歧路與群魔亂舞的宗教亂象，尤其可視之為「照妖鏡」。防非止邪之說在經中結經名之後，自是佛陀慈悲深重、保綏哀救的餘意，但在人根陋劣的末法時代，這部分顯得特別重要。

圓滿「首楞嚴」大定

《楞嚴經》的發起是基於阿難「一向多聞，未全道力，誤墮淫室」，本經的經旨便在開示楞嚴大定，以使修學者能夠得全道力。「首楞嚴」是安住於佛性上的本性大定，修證楞嚴大定貫穿了信、解、行、證從始至終的學佛歷程，正是本經的宗旨與歸趣。

明代紫柏真可大師（一五四三—一六〇三）讀《楞嚴經》後，偈云：

十卷楞嚴一柄刀，金牛不見眼中毛；
試將智刃游心馬，積劫無明當下銷。

《楞嚴經》的開示常常發揮諸經未說之處，經義特別深刻透徹，猶如開啟睿智的利刃，可斬除心眼從未曾覺察到的遮障，令積劫無明當下銷亡。經中阿難聞佛示誨，頓然開悟後也說：「妙湛總持不動尊，首楞嚴王世稀有，銷我億劫顛倒想，不歷僧祇獲法身。」這正是祖師一脈相承的楞嚴印心法門。

顯密圓通的楞嚴法門

──〈楞嚴咒〉與《楞嚴經》

〈楞嚴咒〉或稱〈大佛頂首楞嚴神咒〉，常被漢傳佛教徒當作咒王，也是佛門常持咒語中的最長神咒。《楞嚴經》卷七載有〈楞嚴咒〉，不過〈楞嚴咒〉之名只是一般的慣稱，實際在《楞嚴經》中佛說此咒是「佛頂光明摩訶薩怛多般怛囉無上神咒」、「佛頂光聚悉怛多般怛羅祕密伽陀微妙章句」、「佛頂光聚般怛囉咒」、「佛頂陀羅尼咒」等，《大正藏》版的《楞嚴經》又記載此咒是「大佛頂如來放光悉怛多鉢怛囉菩薩萬行品，灌頂部錄出，一名中印度那蘭陀曼茶羅灌頂金剛大道場神咒」，其中「摩訶薩怛多般怛囉」是「大白傘蓋」之意。《楞嚴經》譯出之後，〈楞嚴咒〉又有多種相關版本陸續出現：唐不空大師譯有《大佛頂如來放光悉怛多鉢怛囉陀羅尼》、《一切如來白傘蓋大佛頂陁羅尼》，契丹國師慈賢也譯有《一切如來白傘蓋大佛頂陁羅尼》，靈雲寺版有古梵文的《大佛頂大陀羅尼》；另有佛在天上說的〈大白傘蓋陀羅尼〉，咒文與〈楞嚴咒〉也大略相似。此外，若就「經、咒」是一顯一密、一體兩面的立場而言，佛說《楞嚴經》又名「大方廣妙蓮華王十方佛母陀羅尼呪」，則此名也可說是〈楞嚴咒〉的別名。

《楞嚴經》多處述及「楞嚴咒」：首先，本經的緣起是因阿難尊者被摩登伽的邪咒控制，溺於淫舍，所以如來從佛頂放光，光中又化現出一尊佛，宣說〈楞嚴神咒〉，破除邪咒，救歸阿難。〈楞嚴神咒〉更令摩登伽女的淫火迅速歇止，斷除了欲界的貪愛迷惑，證得阿那含的果位，精進行道，愛河乾枯，了悟宿因，深知歷世只因貪愛而飽經痛苦折磨。

經中強調，眾生若有宿習不能除滅，應當一心持誦〈楞嚴神咒〉；又說，在建立「楞嚴壇場」之時，先須持誦〈楞嚴神咒〉一百八遍，之後結界實修，在三七日中精進不寐：於初七中，六時誦咒繞壇，每時持誦咒心一百八遍；第二七中，一向專心發菩薩願；第三七中，十二時一向持佛般怛羅咒。在三七日之後，端坐百日，利根之人便能證果。

阿難得知〈楞嚴咒〉的威神力之後，懇切向佛請求傳授神咒：

爾時，世尊從肉髻中涌百寶光，光中涌出千葉寶蓮，有化如來坐寶華中，頂放十道百寶光明，一一光明皆遍示現十恒河沙金剛密跡擎山持杵遍虛空界，大眾仰觀畏愛兼抱，求佛恃怙，一心聽佛無見頂相放光如來宣說神呪。

〈楞嚴神咒〉是「如來無見頂相，無為心佛，從頂發輝，坐寶蓮華，所說心呪」，代表此咒是由真空妙有的最高境界所展現出的神通妙用。經中廣為開示持誦〈楞嚴神咒〉的功德威力，此咒極具摧邪顯正、遠離魔難、堅固信心、促進發心、增福開慧的效果，諸佛弘化、眾生學佛，皆須依仗〈楞嚴神咒〉才能圓滿無礙。全經終了之時，又再耳提面命，「若有眾生，能誦此經，能持此呪，（利益）如我廣說，窮劫不盡，依我教言，如教行道，直成菩提，無復魔業」。

〈第二講〉

尋找真心

飲食男女

——《楞嚴經》的啟教因緣

《楞嚴經》的開場序幕中，「多聞第一」的阿難尊者在托缽乞食的路上，因曾聽聞如來訶斥乞食不應分別貧與富，因此發心要行平等慈悲，不擇微賤，發意圓成一切眾生的供養功德，所以阿難未加避開出家人不適前往的淫室，而遭遇到了摩登伽女以邪咒攝入淫席撫摩……。

阿難尊者桃花劫

摩登伽女與阿難尊者具有多生累劫的相識因緣與恩愛習氣，有關兩人的故事，《佛說摩鄧女經》、《摩登伽經》等經亦有敘述，不過諸經的說法略有出入。

《楞嚴經》的故事主角是阿難尊者，對於摩登伽女的描寫非常少；而《佛說摩鄧女》等經則對摩登伽女多所著墨：一日阿難持缽行乞，飯食訖後，阿難順著水邊而行，看見一位少女在水邊取水之後擔水而走，於是趨前乞水。這名女子就是摩登伽女（摩登伽的女兒），摩登伽女對阿難一見鍾情，下定決心非阿難不嫁，生死相許。

故事一開始便是飲食男女之事，啟示著修行要落實在日常生活中，尤其是面對貪愛之境，更要謹慎如法而不為所動，故事中的「水」可以象徵貪欲、渴愛，阿難與摩登伽女在水邊相遇，以及阿難乞水，正是冥冥中受到兩人宿世的恩愛業力之所牽引，而摩登伽女在水邊擔水、奉水，似又暗示著充滿愛欲的女子，滿懷愛慕之意要將自身供養給心上人！

故事接著展開：摩登伽女回到家中，多次啼淚哭泣，或者倒臥地上啼哭，或者不吃不喝，或鬧自殺，不斷哭鬧請求母親設法讓她嫁給阿難。之後，摩登伽請來阿難供養飯食，並使用邪咒困住阿難，又令地上出火，脅迫阿難若不娶其女兒就要將阿難投擲火中。阿難身為佛陀侍者，卻被邪咒困住，深感慚愧，當下虔敬合掌呼喚佛陀，這時佛陀遙知阿難出事，及時差遣護法神前去營救阿難歸來。故事中的「火」可象徵熾熱的欲火，「多聞第一」的阿難在「水深火熱」中無力自拔，反襯出了「解行相應」的重要性。本文頌云：

飲食男女宿業牽，水深火熱如何安？
多情少女空啼淚，多聞比丘合掌堅。

第二天，阿難乞食之時，摩登伽女緊隨在後，迷戀阿難的一舉一動，看視阿難的腳，又注視阿難的臉，使得阿難羞慚低頭，趕緊返回寺院，摩登伽女無法見到心上人，只好守在寺院門口，阿難不敢出來，摩登伽女久候未果終於哭著離開。阿難不堪其擾，急忙向佛陀稟告求救，佛陀聽後立刻派人追回摩登伽女。

佛問：「妳為何一路跟隨阿難？」

摩登伽女回答：「阿難未娶，我也未嫁，我想成為阿難的妻子。」

佛說：「阿難出家無髮，如果妳肯剃髮，我就讓阿難當妳的丈夫。」

摩登伽女說：「我敢剃髮。」

摩登伽女回去剃髮之後，又來到精舍告訴佛陀：「我已削髮。」

佛問：「妳愛阿難什麼呢？」

摩登伽女答道：「我愛阿難的眼，愛阿難的鼻，愛阿難的口，愛阿難的耳，愛阿難的聲音，愛阿難行步翩翩的樣子。」

佛說：「人的眼中有淚，鼻中有涕，口中有唾，耳中有垢，身中有屎尿，人身臭穢不淨。如果兩人結為夫妻，又有腥臊交媾的惡露，若有小孩出生，也就會有死亡與哭泣，這樣子對自己究竟有什麼真實的利益呢？」

其實，摩登伽女的個性聰慧、真情流露又勇敢果決，心靈擁有「知、情、意」的充沛能量，只因情執困住自己，摩登伽女在思惟佛陀開示之後，當下便肯認佛法，斷惑證真，成為超凡入聖的阿羅漢。紫柏真可大師的〈摩登伽經頌〉，饒富趣味：

怪底瞿曇老滑頭，臨機縱奪有誰儔？

無端賺殺鄰家女，嫁與祇園少比丘。

紫柏大師讚賞佛陀：瞿曇的善巧智慧有誰堪比？沒費啥事地就賺來了摩登伽女！摩登伽女證悟之後，佛陀又開示說，阿難與摩登伽女宿世曾五百世結為夫妻，常相敬重，也常相貪愛，而今同時學佛有成，夫妻相見如同兄弟姊妹，這正是學習佛法的功效！

〈楞嚴神咒〉威神力

在《楞嚴經》中，又說出了救歸阿難尊者與摩登伽女證悟的隱祕過程。阿難遭遇邪咒淫術之難，這時佛陀正在王宮用齋，遙知此事，齋畢之後即刻返回精舍，宣說〈楞嚴神咒〉：

于時世尊頂放百寶無畏光明，光中出生千葉寶蓮，有佛化身，結跏趺坐，宣說神咒。勅文殊師利將咒往護，惡咒銷滅，提獎阿難及摩登伽歸來佛所。

〈大佛頂楞嚴神咒〉是從佛頂上又化現出的一尊佛所宣說的，「佛上佛」所說的神咒自具至高無上的威神力，如佛對阿難說：「人間稱你為多聞第一，這是積劫多聞熏習的成果，但你卻仍不能免離摩登伽女之難。可是，〈楞嚴神咒〉卻能令摩登伽女的淫火頓歇，斷除欲界的貪愛迷惑，速獲阿那含的果位，不再來欲界受生。進而，摩登伽女精進行道，愛河乾枯，了悟宿因，深知歷世只因貪愛而飽經折磨痛苦，摩登伽女現已永脫貪愛之心，成為阿羅漢，終於解脫了輪迴之苦。由此可知，眾生若有宿習不能除滅，應當一心持誦〈楞嚴神咒〉。」

經中更在第七卷中，廣為開示〈楞嚴神咒〉的種種威力功效，無論諸佛弘化、眾生學佛，都須藉由〈楞嚴神咒〉才能圓滿無礙。

經中卷六，救歸阿難的文殊菩薩對阿難說：

淨極光通達，寂照含虛空，卻來觀世間，猶如夢中事，

摩登伽在夢，誰能留汝形？如世巧幻師，幻作諸男女，
雖見諸根動，要以一機抽，息機歸寂然，諸幻成無性。

文殊菩薩開示阿難，倘若我們的心光明朗，便能照見世界虛空只如一場大夢，摩登伽女亦如夢幻，哪能困住你呢？這就好像皮影戲一般，雖然看見男男女女有諸般動作，但是只要把牽扯機關的絲線抽走，這些皮影就都不能動了！在佛陀與文殊菩薩循循善誘地開導之下，阿難與摩登伽女五百世以來的欲海情天，今生終究是共成佛道、修成正果了。

尋找身心的實存處

——《楞嚴經》七處徵心

二十世紀西方流行的實存（存在）主義（Existentialism），尋求人生的真實存在感。而在佛典《楞嚴經》中，阿難的覓心過程，也充滿了實存哲學的意味。

不可以色身得見如來

《楞嚴經》裡，阿難於乞食途中發平等心，不擇微賤，因此未加避開出家人不適合前往的淫室，對於自我操持顯得信心滿滿，但在遭遇摩登伽女以邪咒攝入淫席撫摩的窘境之後，喪失了原先的自信，歸來見佛頂禮悲泣，悔恨無始以來一向多聞，未能解行相應，現只求佛能教授成佛之道入門工夫的「最初方便」。

佛即刻向阿難說：「汝我同氣，情均天倫。」意思是說：「我是你的至親堂兄，有話好說。」佛陀先從感情上施予安慰，讓阿難信賴佛陀，卸除自我防衛心態。之後，佛不從戒律指責阿難的誤處，而是追問他：「當初發心，於我法中見何勝相，頓捨世間深重恩愛？」這是直指人心，喚醒阿難當初出家的發心，並思索自己是如何認知佛法的？

阿難回答：「我見如來具有勝妙殊絕的三十二種身相，佛身光潔映徹，猶如琉璃透亮，這莊嚴的身相定非是從欲愛粗濁之氣所能產生的，所以我渴仰離欲出家之道。」

佛陀開示：「一切眾生，從無始來生死輪迴，都因不知自己具有常住真心，而用妄想之心過活。」阿難的發心雖善，但終究是妄想心，《金剛經》也說：

凡所有相，皆是虛妄，若見諸相非相，則見如來，……若以色見我，以音聲求我，是人行邪道，不能見如來。

阿難遇到摩登伽女，雖然不被其美色所惑，但阿難一直愛慕佛陀相好光明，這仍是著相，阿難既然知道「相由心生」，佛更要阿難認清相（身）與心的關聯性，從而領悟身心存在的離相真實處與著相虛妄處。

為了幫助阿難能夠自己悟出問題癥結所在，佛陀指示「直心」是求取成佛之道的心態，並要求阿難「應當直心酬我所問」，這是鼓勵阿難要真誠無偽地回答佛陀所問，而也唯有如此，才能替阿難真正找出問題、解決困境。

佛陀又問阿難：「當初你觀見如來妙相莊嚴而發心出家，是藉由什麼看見我？又藉由什麼產生愛樂？」阿難說：「我是透過眼睛觀見如來勝相，用我的心產生愛樂。」

佛陀開示：「如你所說的，『你透過心與眼，而愛樂如來的相好莊嚴』，但你若不能真正認識心與眼的所在之處，就不能降伏由它們引起的塵勞煩惱。譬如國王被盜賊侵犯，發兵討除，這些兵將當知盜賊的所在之處。同樣地，使你貪戀流轉不止的緣由，是因為心與眼，我現在問你：『唯心與目，今何所在？』。」人對事物的經驗認識，是從感官接納再至心理的認識（根、境↓識），即如阿難認識佛法的方式是「由目觀見如來勝相，心生愛樂」，因此若欲徹底明瞭事物的真相，理當先對認識的有效性進行批判反省。我們的認識作用，是否具有足夠的能力認識事物的真相？譬如夢中，以為夢境都是真實的，然而一旦覺醒，忽悟夢中認為實在的事物，不過就只是夢幻泡影罷了。

由批判中，進而須問認識之心的體性，也就是徵問心在哪裡、心是什麼、心的真妄？這是哲學認識論上的根本問題，也是在追究真理上首先當問、首當處理的課題！佛陀先不指明「心是什麼」，要阿難從「心在哪裡」試著去尋找自己的心之所在。從具體的尋找中反省心是什麼，這是禪式的啟發性教導方法。

七處徵心心不有

佛問阿難：「唯心與目，今何所在？」針對「認識官能的處所」之問，阿難共回答七次，一一都被佛所破斥，這便是《楞嚴經》卷一著名的「七處徵心」或稱「七番破處」。七番破斥的重點略如下述：

（一）心在身內

阿難首先依直覺回答，眼在臉上，心在身內。關於眼的問題，佛暫時不正面回答，留下伏筆。此刻佛陀直指「心靈是一切明了的」，所以若心在身內，就應能知見身內，同於人在室中，能見室內。

（二）心在身外

阿難想，既然心不在內，就當在外。佛陀又質疑，若心在身外，當只能見到身外。譬如燈光在外，只能照亮室外。但為何身心又會相干？

（三）心潛眼根

阿難又想，心既然不在外，也見不到身內，心當是潛於眼睛之下，因為如此既見不到身內，又看得見外面。佛陀質疑，若心潛於眼睛底下，透過眼睛見外，為何不見自己的眼睛？同於透過琉璃看見外物，也會見到琉璃。

（四）心分明暗（曲成在內）

阿難又想，心還是在身內才對，因為開眼有光才能明見，而閉眼見暗其實便是見內，因為身內無光，正是一團漆黑。佛陀質疑，若說閉眼見暗就是見內，但若這暗是在眼前，怎可說是見內？若如你說，這暗是在內，難道我們的視線是朝內看的嗎？

（五）心則隨有

阿難曾聽佛說「法生種種心生」，眾生隨境生心，所以阿難說，心在於六根（眼、耳、鼻、舌、身、意等產生認識作用的官能）與外境相合之處。佛陀質疑，隨境生起之心（如眼見花，產生花想），並非心的自體，只是心的作用，心的自體究竟何在？

（六）心在中間

阿難曾聽佛說「心不在內，也不在外」，所以阿難說，心應在中間。佛陀質疑，中間在哪裡？

（七）心乃無著

阿難說，曾聽佛說「心一切無著」，佛陀又問，若心乃一切無著，虛空水陸等物象就是所謂的「一切」，有就是有，無就是無，什麼是「無著」？

以上七番，第一番「心居身內」是一般眾人的共同想法，正是「標準錯誤答案」，其後三番則是阿難順第一番而推轉計度；最後三番則是阿難徵引過去聽佛所說之語，但都誤解了佛的原意，由此也顯示出阿難雖然多聞與思想靈活，但其見解游浮不踏實，人云亦云，腳跟不著地。前四番阿難都在內外之間打轉，也就是內、外、之間潛根、心分明暗以曲成在內，皆有定處，純是阿難順著思路，推理而致；

而後三番，心則隨有、心在中間、心乃無著，皆無定處，則是阿難徵引佛語以為證據。阿難七番的回應是由具體而抽象，前四番都以為有一物居於一處，至第五番則消泯一物一處的具體思維方式，而以飄忽不定的心境做為心的存在，及至最末，一切皆泯於連意義都無法說清的「無著」，這透露出「多聞第一」的阿難已是計窮言絕，江郎才盡了。

覓心了不可得

——《楞嚴經》攀緣心即空

禪宗公案中，達摩祖師（？—五三五）面壁坐禪，神光（四八七—五九三）前來求法，神光言：「我心不安。」達摩出人意表地說：「把心拿出來，我替你安心。」許久後神光回答：「覓心了不可得。」達摩即說：「我已替你安好了心！」《楞嚴經》的「七處徵心」也是要人領悟「覓心了不可得」，如古德頌云：

七處徵心心不有，心不有處妄元無；
妄元無處即菩提，生死涅槃本平等。

「七處徵心」找不到心的實體與處所，便是「覓心了不可得」。阿難所謂「隨境生心」與神光所言「不安之心」都是「攀緣心」，也就是必須依仗攀緣外境而生起認知的心，攀緣心是妄心，放下攀緣，才能安住於平等心。

「七處徵心」中，在第五番「心則隨有」之時，充分表達出「攀緣心」的存在是無處可覓、無體可得，且佛運用了「析空觀」與「體空觀」：

攀緣心／析空觀

「即思惟體，實我心性」，阿難以思惟之性做為心的定義，而提出心的處所在於「隨所合處」，心在隨所合處是說，因境相的現前而有思惟的產生，所以心在於隨著境、心所遇合之處。佛便析破心在隨所合處不能成立：心既然是隨境界而有，則如此的攀緣心並不具有自體；攀緣心既然不具自體，它憑什麼去和境界相合？（如股東若自無資本，如何能與他人合股）又攀緣心既無自體可言，豈能有實處可尋？

以上，佛是運用「析空觀」的方法，析空觀是將事物析為基本元素，所以說事物是空，如說自我是色、受、想、行、識等五蘊組合而成，所以自我是空。同理，「攀緣心」是「認識官能」（根）與「外境」（塵）和合的產物，所以並無自體，如眼睛（眼根）見形色（色塵）產生視覺（眼識），心意同時也起認識作用，這種跟隨外境生起的心便是不具自體的攀緣心，西哲有謂「我思故我在」，並不如實。

攀緣心／體空觀

以思惟為心並不足以代表攀緣心的全體，在隨境生起的思惟底下，攀緣心還有赤裸裸的直覺觀照的基本作用。因此，佛還要從假設攀緣心有覺觀的「心體」，再分析心體與身體的相「合」方式，反證攀緣心確實無體：心在身中是一體？抑或是多體？心是遍體？或不遍體？心在身中若是一體，便該全體一如，如手捏一肢，則應四肢同覺；心若多體，則體體分開，身心應缺乏統合的知覺；遍體則復落於一體；不遍體則身體應有無知覺之處。今皆不然。如此推檢後，便可見一、多、遍、偏都無實義，找不到攀緣心的存在體性，所以說攀緣心無體可得、無處可尋。

以上佛是以「體空觀」論證攀緣心無體。體空觀是觀一切法皆為緣起，故無實體，如夢如幻；體空觀也擅長運用反證方式（歸謬論證法），先假設事物有自體存在，但經分析檢驗後發現，事物若有自體存在，則與實際現象相違，由此反證事物的自體並不存在。

整體而論，「七處徵心」也是「體空觀」，宋代孤山智圓法師（九七六—一〇二二）即說「七處徵心」相似於龍樹菩薩（二世紀）的〈無生偈〉：

上七番，似破四性：在內、潛根、救內，破自性；在外破他性；中間破共性；隨合、無著，破無性。

龍樹《中論．觀因緣品》的著名之偈：

諸法不自生，亦不從他生，
不共不無因，是故知無生。

這是說「諸法」若有自性，則「生」不可得，而反證「無自性生」，無生是由破斥「生」的種種可能性（自生、他生、共生、無因生），反證出「生」不合理，所以說生是「無自性生」，即是無生、緣生。七處徵心，將心的存在處所皆做否定，也反證出「心」的存在並不合理。關於覺觀非一非多的論證，筆者仿龍樹之偈，亦頌云：

覺觀非一體，亦不從多體，
非遍非不遍，是故知無體。

攀緣心／棒喝

佛要阿難找到自己的真心，在「七處徵心」之後，舉起拳頭質問阿難：「你透過眼睛見我舉拳，當下你以何為心？」

阿難回答：「現今我以心推窮尋逐，這個能推想的，就是我的心。」

佛陀喝斥：「咄！阿難，此非汝心。」這一喝，正如金剛王寶劍出鞘，猛向阿難揮下一劍。

阿難被喝驚起，避座合掌，不安地問：「這若不是我的心，又是什麼？」

佛答道：「這是你攀緣對象所產生的妄想，迷惑了你的真心。」

阿難告白惶恐之情：「世尊！我是佛的寵弟，我心敬愛於佛，因此出家。而我的心何獨供養世尊，乃至我遍歷恆沙國土承事諸佛與善知識，以及發大勇猛，修行一切難行法事，也都是用此心；縱令我謗法而永退善根，亦是因於此心。若如佛說這心不是我的心，我則無心，同於土木，再無知覺了。為何如來說此心不是我的心？令我實感驚怖疑惑！」

《楞嚴經》與禪宗公案頗多吻合之處，此處佛陀舉臂擎拳、咄喝一聲，正類似於禪宗的棒喝與肢體語言。在經文中，佛喝斥阿難「認賊為子」，竟將妄心認做自己寶貴的心，不識真心；但阿難無法體悟佛的訓示。就阿難的認知，攀緣心就是他的心，除此之外，阿難感受不到自己更有其他覺知，他所做的一切善事惡事都由此心發動，當然阿難的「多聞第一」也是緣於此心而有，若無此心，阿難就一無所有了，阿難無法接受自我落入無心的虛無情境，於此也透露出阿難非常堅持執著自家的攀緣心。其實，這與第五處徵心之時相同，阿難認為思維就是心。正如宋代端師子（一〇三〇—一一〇三）頌云：

七處徵心心不遂，懵懂阿難不瞥地；
直饒徵得見無心，也是泥中洗土塊。

「七處徵心」中，阿難找不到心的存在處所，但阿難並不能體悟「覓心了不可得」之旨，此處反倒更驚怖自己「無心」，這就如同洗溶了土塊，卻陷於泥淖中。

古德又評論：

佛弟子極聰明者，莫如阿難。大凡聰明之人，極是誤事。何以故？惟聰明生意見，意見一生便不忍捨割。

多聞第一、絕頂聰明、攀緣心威力十足的阿難，難免會反覆留戀、無法割捨攀緣心，所以佛陀必須予以棒喝，以警醒阿難。

破妄心顯真心

——《楞嚴經》的根本命題

學道之人不識真，祇為從來認識神，
無始劫來生死本，癡人喚作本來人。

這是唐代長沙景岑禪師的偈語。為何學道之人不認識「真心」？只因將無始劫來生死輪迴的根本「識神」，錯認為自己的本心。這首偈語所說，正同《楞嚴經》的開示。

真心與妄心之辨

阿難在遭逢摩登伽女的留難之後，歸來佛所，頂禮悲泣，啟請開導，佛陀直指人心，告示阿難：「一切眾生從無始以來生死相續，皆由不知常住真心，此心本性清淨明覺，是心的本體。眾生不知真心而用妄想心，所以惑業輪轉不停。」佛陀隨即徵問阿難：「心在哪裡？」要阿難自己找出真心，展開了「七處徵心」：心不在內、不在外、不在眼根之下、非閉眼見暗之處、不在攀緣處、不在中間、也非無著，阿難遍尋不著心的所在，再度懇請指示。

此時，佛告阿難：「一切眾生從無始以來，有種種顛倒的惑業苦聚集。修行之人不能得成無上菩提，只成就小乘的聲聞、緣覺，或者成為外道、諸天，乃至成為魔王或魔眷屬，皆由不知二種根本而錯亂修習，猶如煮沙欲成嘉饌，縱經塵劫終不能得。」何謂二種根本？

一者無始生死根本，則汝今者與諸眾生，用攀緣心為自性者；二者無始菩提涅槃元清淨體，則汝今者識精元明，能生諸緣，緣所遺者。

其一是導致無始生死的根本，就是眾生用攀緣心錯作自己的心性。其二是成就菩提涅槃的根本，這是無始以來眾生本就具有的清淨心體，不過清淨心體是眾生起心動念、攀緣造作所無法認識到的，因此眾生不知自己本有智慧光明，遺失方向，枉入惑業輪迴之中。

真心，是指眾生本有純淨至善的佛性、覺性。若以水波譬喻：水性清淨，具有明照的作用，比喻眾生本有清淨覺性；佛心則如平靜無波的水，映照事物正確、清晰，發揮出完全的覺照功能；而眾生心就如波動之水，映照事物扭曲、模糊，覺照功能大打折扣。但是，即使在波動不安的眾生心中，其覺性本質（水的清淨本性）也並未有任何改變，而也正因覺性常在，所以不論靜水或水波都恆能照物，只是在照物的功能上有高低、優劣之別。眾生向外貪求攀緣則心水擾動，喪失定慧光明，導致惑業苦的生死輪迴不斷；反之，眾生若能放下擾動的攀緣心，心水自然平靜無波。

真心與妄心（攀緣心）之辨，是《楞嚴經》的根本命題。

以推理破妄心顯真心

思惟無體 ↓ 覺觀非一非多 ↓ 潛在統覺 ↓ 常住真心

「攀緣心」是「覺性」攀緣對象而生起認知的心，例如觸覺（覺觀）感受到身體被捏（對象），產生痛覺（攀緣心），我們日常的覺觀、思惟都是「對境生心」的攀緣心。《楞嚴經》之「七處徵心」當中，以「析空觀」論證出「思惟」並無自體，又以「體空觀」論證出「覺觀」亦無自體，思惟與覺觀都無自體，心在哪裡呢？在我們的種種心念之下，還有個潛在的「統覺心」將種種心識統合，使得種種心識之間產生關聯作用。「統覺心」，是否有其自體呢？是否就是心的本體？

若依唯識宗之說，心識是由生滅性的「藏識」（如倉庫）予以統攝。但是，又由誰來統攝生滅性的前後心識？在「七處徵心」之後，《楞嚴經》說：

諸法所生，唯心所現；一切因果，世界微塵，因心成體。

塵非常住，若變滅時，此心則同龜毛兔角，則汝法身同於斷滅，其誰修證無生法忍？

一切現象乃至妄心都是依止常住真心之體而起，如水起波，一體多用。攀緣塵境的心是無常的，一旦滅後，此心就如同龜毛兔角，虛無斷滅，誰能修行證果？唯有依止常住真心，才能保證一切因果業報不失。換言之，生滅的現象必須依止不生不滅的本體，如波必依水，而攀緣心對境生心，就如水上的波動，生生滅滅，但是波滅的當下，水並不滅，否則下一個波即無從生起。又如存錢到銀行，銀行必須不倒閉，我們才能隨時提款，如果銀行倒閉，存款就無法兌現了。所以，生滅性的「藏識（阿賴耶識）」是會倒閉的倉儲，常住真心（如來藏）才是永不打烊的金庫。

以參究破妄心顯真心

在「七處徵心」中，佛一向主張「心靈一切明了」，而在「七處徵心」之後，佛對阿難說，我並不強迫你接受攀緣心不是你的真心，但是你要觀照自心，自行親證：

1.首先，自己觀照攀緣心，是否無法「離諸一切色、香、味、觸諸塵事業，別有全性」？這是說思惟離開攀緣境相便無法產生認識，依據經驗事實，這點我們須予肯認。

2.進而諦觀，能攀緣的覺觀，是否堪為心體？順此，覺觀性的心體又是怎樣的存在狀態？相對於塵境，覺觀之體即是空幽幽的心境，佛說「縱滅一切見聞覺知，內守幽閒，猶為法塵分別影事」，是說空幽幽的覺觀體性，不過只是相對於擾亂塵境的幽閒塵境狀態。

3.進而再透過幽閒的覺觀體性，不斷諦觀：

但汝於心微細揣摩，若離前塵有分別性，即真汝心；若分別性離塵無體，斯則前塵分別影事。

若能從攀緣心深入溯源，則能體悟離塵自明的真心，真心是「一切明了」的佛智慧，不同於攀緣心必須攀緣境相，才能產生認知的影像。

唐末五代玄沙師備大師（八三五—九〇八），閱讀《楞嚴經》後，發明心地，應機敏捷。禪師一日上堂開示有關《楞嚴經》的「若離前塵有分別性，即真汝心」。禪師說道：「大眾若說：我們身中具有昭昭靈靈、能見能聞的靈台智性，這是我們身中的主宰。那我反問你們：若昭昭靈靈的心是大家的真實之心，為什麼打瞌睡時，又不成昭昭靈靈？若瞌睡時不是昭靈，為什麼又會有昭靈之時？大家能領會嗎？如果以為昭昭靈靈的心就是自己的真實之心，這是認賊作子！其實這個心是生死根本的妄想緣氣，只因前塵色、聲、香等法而有分別，便說這是昭昭靈靈的心。但是若無前塵，大家這昭昭靈靈的心就同於龜毛兔角。仁者！真實在啥處？」

破斥攀緣心，意在顯示真心。「仁者！真實在啥處？」參！參！參！

水窮雲起

——《楞嚴經》十番顯見

《楞嚴經》開場之後高潮迭起：摩登伽女→七處徵心→十番顯見。

《楞嚴經》講經緣起是阿難遭逢「摩登伽女」的桃花難，之後佛陀直指人心，要阿難尋找自己的心之所在，展開「七處徵心」力破妄心；其後又開展「十番顯見」力陳真心，欲令阿難悟入真心。這三重連環橋段，極富戲劇張力與問題論辯性質。

阿難的淚與悟

明儒玄庵詩云：

四外虛空盡本心，卻將形識認來深；
阿難忽聽如來咄，慟極勸生淚滿襟。

四方無外虛空盡是本心的顯現，卻深深誤認心識只存在身中；阿難在如來的循循勸導又忽然喝咄之下，不禁慟極淚流滿襟。

阿難為求真理而多聞，在佛弟子中有「多聞第一」的美譽，可是未能「解行相應」，難以實際潤暢生命本身。因此，當面臨生命試煉之時，阿難「溺於淫舍」，雖然良知不許，卻畢竟無力抗拒。面臨此境，阿難「恨無始來，一向多聞，未全道力」，僅能悲淚翹誠，求佛哀佑。然而阿難恃佛憍憐，也只能解得一時之困，終究無法自力自強。

外力不足恃，假使仍舊無法找到生命的內在立足點，人生至此，內外無憑，阿難「驚怖」自己荒謬「無心（真心）」，「更無所有」，「同諸土木」，以致淪於「默然自失」的虛無情境！在見山非山的虛無情境中，更殷盼找到自己的真實存在，大死大生。為了對治阿難非存在性的多聞，佛剋就其失落所在，要他找到與自身相干的真實存在，所以要他覓心，以破妄心、顯真心，由正解起正行，打開在纏的本心而解脫自在。

經歷女難與徵心、覓心之後，阿難驚覺倚賴佛說而獲致的多聞並非真知，「我是如來最小之弟，蒙佛慈愛，雖今出家，猶恃憍憐，所以多聞未得無漏」，佛陀肯定阿難的領悟而印可說：「正是執著妄想心，誤為真心，所以雖有多聞，卻不成聖果。」

阿難聽後，再度悲淚，再次吐露反省自己依賴的慣性：「自我隨佛發心出家以來，慣於依恃佛的威神，常自思惟，不必勞累修行，必蒙如來加持賜我禪境，卻不知身心本不相代，失去了當初的發心，身形雖然出家，心卻尚未入道，就如捨父逃逝而成為窮子。而今知曉，雖有多聞，若不修行，等同不聞，如人談說美食，終不能飽。這全因我不知本具的寂常心性，唯願如來哀憫窮子，啟我妙明真心，開我道眼。」阿難兩度提及自身的病根在於依恃佛陀、倚賴聽聞，情緒悲淚地痛加反省，從妄心的攀緣多聞，亟欲求取真心的真知灼見。

《楞嚴經》在「七處徵心」之時，力破攀緣心（或稱妄心、識心），攀緣心必須藉由注意對象才能產生認識，「七處徵心」前後經文，透過析空觀、體空觀、真心觀、推理、棒喝、參究等方式，破妄心顯真心，雖然經文似乎偏重於破斥，但「破」的目的畢竟在於「立」。攀緣心並無自體，只是妄心，唯有具有自體的心才是常住真心。不過，攀緣性的覺觀、思惟雖無自體，但卻也具有破邪顯正的正思惟與觀照的作用，在藉假修真上還是須予暫時肯定。

「十番顯見」極顯真心

「七處徵心」未暇仔細指示真心，其後展開的「十番顯見」則極力指陳真心，欲令阿難悟入真心，真心與妄心是相對的概念，真心的「寂、常、妙、明」，與妄心的「擾動、生滅、無體、無明」形成對翻。「十番顯見」便是從真心的「寂、常、妙、明」（空間性、時間性、體用性）之特性上，積極顯示真心，經中不只是從抽象的觀念上指陳真心，更從具體的「能見」（視覺）上指點真心，要人肯認自家的真心所在，這種進路表現出十足的禪教合一色彩。為何要從「能見」（視覺）

上指點真心？因為在眼、耳、鼻、舌、身、意的根境（知覺與對象）之中，視覺最為顯豁，最好指點。

真心寂常妙明是阿難所請之法：「我等今者，二障所纏，良由不知寂常心性。唯願如來，哀愍窮露，發妙明心，開我道眼。」於是佛陀從「十番顯見」極顯真心寂常妙明之性。

「十番顯見」是交光大師的科判，本文將「十番顯見」歸納略明如下：

見的屬性	十番顯見	基本意義
（一）根本歸屬	1.顯見是心	視覺是心的作用，並非依靠眼睛而有。
（二）時空屬性：寂常	2.顯見不動	看見空間中物體變動，但知覺本身不動。
	3.顯見不滅	看見事物隨時間消逝，但知覺本身常在不滅。
	4.顯見不失	縱然知見顛倒不清，但知覺本身並未喪失。

（三）主客屬性：明	5.顯見無還	視覺是主體而非客體現象。
	6.顯見不雜	視覺是純粹主體而不雜客體現象。
	7.顯見無礙	視覺主體超越客體限制。
	8.顯見不分	視覺主體與客體現象，並非主客二分。
（四）不可思議：妙	9.顯見超情	視覺的覺性本體，超越常情思維。
	10.顯見離見	視覺的覺性本體，超離視覺所見。

以上「十番顯見」是「帶妄顯真」，是從一般人的視覺經驗上指點本覺真心，「能見」（視覺作用）不是純粹的真心，而是真心透過妄心所映照出的覺性作用。「十番顯見」指示真心「寂常妙明」的特質：

1.從寂常來看

妄心的擾動、生滅，根基於攀緣心是源由境相、觀念的動態所組成；而真心卻是寂常「不動」、「不滅」，如鏡鑑物，「不失」自體。

2.從明照來看

妄心的無明、知覺，是藉由分別境相，形成影像觀念；而真心則是自存自明，「不還」於客體，是「不雜」影像的純粹精神體，所以也不須受外境的牽制而能「無礙」，更是「不分」主客的形上本體。

3.從妙體來看

妄心並無自體，而與影像組合做為自體，妄心只是真心功能的轉化；而真心妙體「超情」、「離見」，不可思議。

真心超越時空

——《楞嚴經》覺性不動不滅

《楞嚴經》「十番顯見」中，首先指出「能見是心」，之後從「能見」（視覺）指點真心（覺性）的特性，十足表現出禪教合一的進路。以下「顯見不動」、「不滅」、「不失」，是有關覺性的時空屬性。

顯見是心：視覺本是心的作用

妄心無體無處，真心究竟何在？針對此一問題，佛從視覺中指點真心。「七處徵心」當中，佛一向說「心靈一切明了」，依此，心靈當具能見的功能，於今「十番顯見」中，佛即論證，能見是心的作用，並非眼的功能。

阿難見佛舉起金色「光明拳」，佛問：「手與拳，眼與見（手↓拳；眼↓見），是否相類？」阿難認為：「拳由手成，見由眼成」，確實相類，佛卻說不然！因為無眼之人並非無見，而是見暗，所以見的本性並非眼的功能。眼的功能，類似燈光，在於顯現色狀，以供視覺辨視，眼只是輔助心見去看外物，所以能見是心，並非是眼。顯見是心非眼，不同於一般「根、境和合生識」（感官面對境相產生認識）之說，更指出認識官能中本具覺性。

禪宗有則公案：龍潭崇信禪師點亮蠟燭交給德山宣鑑（七八二—八六五），德山剛接過來，龍潭立刻將燭光吹滅，德山當下豁然大悟而說：「今後更不疑天下老和尚舌頭！」

這則禪公案正豁顯出：見性非眼，見明見暗都是覺性起用。

顯見不動：真心超越空間動態

「客．塵」變動無常，「主人．虛空」安住不動，佛要阿難找出如主人般安住的心，如虛空般不動的心：

1.佛伸出手掌開合，問阿難：「你現在看見什麼？」答：「我看見如來的手掌正在開合。」佛又問阿難：「你看見我的手掌正在開合，這是我的手掌有開有合，還是你的視覺有開有合？」

這是藉由手掌開合，對比視覺的覺性始終不動，要人當下認知不動的覺性。

禪宗公案中，西堂智藏（七三八—八一四）問百丈懷海禪師（七二〇—八一四），你如何開示於人？百丈以手掌舒卷兩遍。

另一則公案，金華俱胝問天龍禪師，天龍只豎一指，俱胝忽然大悟；後來凡有人問俱胝，俱胝都只豎一指，臨終前謂：「天龍一指禪，一生用不盡。」

這些手法都是要人超越語言概念，當下體認覺性。

2.「阿難！你見佛光飛來而左右顧盼，是你的頭在動，還是你的視覺的覺性在動？」「世尊！是我的頭在動，我的覺性連靜止都談不上，何來搖動？」

這比前述觀見手掌開合更進一步，從自身轉動中，當下體驗覺性未嘗搖動，超越忽動忽靜的相對之相。

無業問馬祖道一禪師（七〇九—七八八）：「如何是祖師西來密傳心印？」馬祖說：「大德的心正鬧，暫時且去，別的時候再來吧！」無業才剛出去，馬祖便召喚一聲：「大德！」無業回首，馬祖說：「是什麼？」無業當下頓悟。

這正是從轉身回首中，對比出身體妄動，覺性卻不動。

顯見不滅：真心超越時光流逝

從空間性的身上顯見不動，將之轉換到時間性上，便顯現出身上存有永恆不滅的覺性。

波斯匿王觀照自家身心，身形逐漸衰老，心識念念遷謝，生命漸如火燼成灰，因而認為死後終將滅盡歸無。佛問匿王：「大王童年與老邁之時都觀見恆河，這『見』的覺性本身是否有所差別？」匿王回答：「並無差別。」佛即開示：「縱然人老髮白面皺，但視覺的覺性本身不會因時變遷而有童耄之別（即使眼見昏昧，乃至瞎眼，也未能損害視覺的覺性本身，不論見明見暗都是見）；兩相對比，會皺之物是變化無常的，而不皺之物當不會隨著變化流逝，所以覺性本身不滅，超越生死無常。」匿王聞後，踊躍歡喜。

顯見不滅的論證，可反駁斷滅論、神滅論及無常論，極具特色與價值。石頭希遷禪師（七〇〇—七九〇）的〈草菴歌〉有云：

住菴人鎮常在，不屬中間與內外，
世人住處我不住，世人愛處我不愛。……
問此菴壞不壞？壞與不壞主元在，
不居南北與東西，基址堅牢以為最。……
千種言萬般解，只要教君長不昧，
欲識菴中不死人，豈離而今這皮袋。

居宅猶如色身與妄想，暫住不停，不必貪戀，草菴足矣！重要的是，從臭皮囊中認取不死的主人翁，超越內外中間，不屬空間性的東西南北，不屬時間性的成、住、壞、空，卻是萬物的基址，〈草菴歌〉生動有味，正與《楞嚴經》真心超越時空之旨相符。

顯見不失：真心本具超越得失

阿難有疑：「既然佛說真心不滅，為何佛又說我輩遺失真性，顛倒行事？」佛答：「這就好像豎臂與垂手同是一體，但是卻有正倒之別。」比喻真心被顛倒的知見所隱蔽，但從未失去。佛陀又開示：

> 汝身汝心，皆是妙明真精妙心中所現物，……色雜妄想，想相為身。聚緣內搖，趣外奔逸，昏擾擾相，以為心性。一迷為心，決定惑為色身之內，不知身色，外洎山河虛空大地，咸是妙明真心中物。

凡夫執持個人色身為自身，以攀緣昏擾的心為自心，身心束縛一塊，只能感知心在身內，不知萬法唯心所現，就如同執著聚焦於短暫存在的浮漚泡沫，卻不見整個大海。

憨山德清大師曾居五台山，於一片冰雪大地中參究向上，以《楞嚴經》的開示印證修持，堅凝正心依經照矚而豁然有得。後來憨山去至東海，枯坐三年未能突破，偶閱《楞嚴經》之後，於海湛空澄、雪月交光之際，恍然大悟，忽然身心世界，當下平沉，如空華影落，洞然壹大光明藏，了無一物：

海湛空澄雪月光，此中凡聖絕行藏，
金剛眼突空華落，大地都歸寂滅場。

憨山大悟之後，即刻返歸室中，取《楞嚴經》印證，開卷即見：「汝身汝心，外及山河虛空大地，咸是妙明真心中物。」忽然對於全經觀境，了然心目。大師以《楞嚴》印證悟境，更由「汝身汝心」一段經文引發善根，豁然通達《楞嚴》全經妙義，《楞嚴經》正是禪者抱本修持的絕佳指南。

找回自家主人翁
——《楞嚴經》覺性無還無礙

《楞嚴經》「十番顯見」中，從「能見」（視覺）指點真心（覺性）的特性。在「顯見不失」中，佛陀責備阿難等人，拋卻忘失自家的真心不顧，卻將凡塵身心認作是自己存在的全部，這就如同將微不足道的浮漚竟看作汪洋大海，此情此景真堪憐憫！

阿難深感佛陀語氣深重的訓誨與慈悲救拔的心意，但是自己對於佛所指陳的「真心」實在無法真切體驗，有負佛恩，不禁垂泣起來，聲淚俱下，祈請佛陀能夠更加切近指示何謂「真心」。以下「顯見無還」、「顯見不雜」、「顯見無礙」，是佛陀進而開示有關覺性的主體屬性，這部分我們也能看到禪宗大德們對經文活學活用的靈活展現。

顯見無還：覺性是自家主人翁

佛陀剋就我們的視覺指出，覺性具有不動、不滅、不失等超越時空變動的形上屬性，但在現實上，我們並未能感受到覺性的殊勝功用，在此狀況下，如何捨得拋卻慣用、好用的攀緣心，而去肯認似乎無用的赤裸覺性才是自家真心？

先從攀緣心來看，經文在破妄心處，已經說明妄心只是緣塵而分別，並非真心。次從視覺來看，「諸可還者，自然非汝；不汝還者，非汝而誰」，我們所見的一切事物，皆不是視覺本身，均可還給外在的周遭境相，但是視覺的覺性卻不能還給周遭一切（因其不動不滅，也不能還給身體）。若覺性不是自家的主人翁，又是什麼？因此，應當肯認覺性是自家的本心。正如絕岸可湘禪師（一二〇六—一二九〇）頌云：

還還還後更還還，一個閒人天地間。

顯見無還，常被稱作「八還辨見」，因為經文舉出大眾在講堂中所能見到的「明、暗、通、壅、緣別、頑虛、鬱象、清明」等八種境相，這八種現象皆可還於周遭境相，不是自家的，如光明來自日光，壅塞來自牆宇，從中辨出唯有視覺無還，唯有赤裸覺性才是自家的主人翁。

禪宗公案中，報慈文遂參研註解《楞嚴經》，一日謁見法眼文益禪師（八八五—九五八）。法眼問：「楞嚴豈不是有八還之義？」答：「是。」又問：「明還什麼？」答：「明還日輪。」再問：「日還什麼？」因為經中只談「明還日輪」，未再追究「日還什麼？」所以文遂懵然無法對答，法眼於是誡令文遂焚毀其所註之文，文遂心服口服，自此服膺請益。

《楞嚴經》向來以「七處徵心」與「八還辨見」聞名，如淨覺仁岳法師（九九二—一〇六四）一日考問徒眾有關楞嚴的十個疑難問題，端師子呈了兩首偈頌：

（一）

七處徵心心不遂，懵懂阿難不瞥地；

直饒徵得見無心，也是泥中洗土塊。

（二）

八還之教垂來久，自古宗師各分剖；

直饒還得不還時，也是蝦跳不出斗。

禪師閱後異常驚訝，印可端師子「子知見高妙，必弘頓宗」。阿難與文遂，縱然理解八還辨見之義，「也是蝦跳不出斗」，尚未真實參悟，但法眼禪師與端師子則是活學活用。

有關「七徵」與「八還」，紫柏真可大師亦頌曰：

七處徵心心徵心，八還辨見見辨見。

七徵與八還之間具有哲理的一貫性，在「七處徵心」時，先以推理論證緣心無體，進而更須自觀緣心確實無體，「但汝於心微細揣摩，若離前塵有分別性，即汝真心」，從攀緣心中辨真心，而「八還辨見」正是接續此一理路，「汝等尚以緣心聽法，……則汝心性，各有所還，云何為主」？從見緣中辨真見，也就是從視覺中將攀緣的塵緣還去，獨露真心主體。

天童正覺禪師（一〇九一－一一五七）更揭示出獨露真心的實修工夫：

不汝還兮復是誰，殘紅落在釣魚磯；
日斜風定無人掃，燕子銜將水際飛。

覺性不是你可還給外在的，是你自家的寶藏，反觀覺性的修行正如安住於釣魚磯上，專注目標，任妄念如落花自成殘紅消逝，心境日斜風定，徐徐朗照而不動，縱然念頭輕飛如燕，心水鏡湖亦清澈映照，不迷不失。

顯見不雜：覺性是純粹的主體

阿難問：雖然「能見無還」，但在視覺之中混雜各物，物我混雜不清，視覺如何堪為自己的純真之心？

佛陀答：我們所見的一切事物，具有種種差別，但是視覺的覺性本身並無差別，所以覺性其實並非混雜外物。況且你能遍見十方，覺性不是你的自家真心，又是什麼？佛陀並對阿難當頭棒喝：「云何自疑汝之真性？性汝不真，取我求實！」為何自疑你自己的真性？你不能肯定自己的真性，卻反倒向我來求索！這是要阿難迴光返照自家寶藏，而非一再向外乞求答案。

有一僧人問雲門文偃禪師（八六四—九四九）：「如何是達摩祖師的西來意旨？」禪師答：「日裡看山。」正是要人自己體認：看山看水，都是自家覺性起用。

顯見無礙：真心超越客體限制

阿難問：視覺忽然見大，忽然見小，難道覺性的本身是隨著外境而受限制？

佛陀答：所見之物，或大或小，是因外緣改變，眾生「為物所轉」，而產生觀大觀小的差別（「能見」攀緣、執取「所見」，故作用上受到局限，如看電視，心只聚焦於影音上，其他一概不知），其實並非視覺本身有所舒卷，視覺本身是超越大小的。譬如虛空，若置方器則有方空，若置圓器則成圓空，虛空本身並無障礙。眾生「為物所轉」，「若能轉物，則同如來」，不被物轉，而能轉物，即是佛境界，「於一毛端遍能含受十方國土」，佛境界是唯心顯現的無礙法界，小空間也能涵容大世界，如夢中山河大地千里萬里，只在我室，只在我心。

有位僧人問谷隱蘊聰禪師（九六五—一〇三二）：「若能轉物，即同如來。但萬象是物，如何轉得呢？」禪師答：「吃了飯，沒有一點分別意智；若有意智，就是被物轉了。」不被物轉，要不因物而起愛憎好惡。

一僧問天台德韶國師（八九一—九七二）：「如何是轉物即同如來？」國師反

問：「你把什麼當作物呢？」僧領會說：「這樣就是即同如來了！」國師道：「莫作野干（野狐）鳴！擬同如來，即千里萬里。」不被物轉，要認清萬象的本性是空，是心的幻現；但僧人滿足於概念理解，並未真實悟入，卻「擬同如來」，所以國師予以當頭棒喝。

真心妙不可言

——《楞嚴經》覺性超情離見

《楞嚴經》的「十番顯見」中，佛從「能見」（視覺）指點真心（覺性），佛陀的開示具體而切身，暗藏禪機，在在引人悟入，但是慣於聞思的阿難，處處皆用概念思維把捉真心，佇留於理解層次，一再錯失當下體認、悟入的良機。以下「顯見不分」、「超情」、「離見」都在指示真心不可思議、妙不可言，禪機凌厲，正可與禪宗公案互相應和顯發。

顯見不分：真心超越主客區隔

阿難不解佛說，提出懷疑：「眼見外境之時，視覺充滿眼前境域，而佛說這廣大無礙的覺性正是我的真心，那麼，我現今的個體身心又是什麼？」這是阿難懷疑真心是「大我」，個體身心是「小我」。佛陀先予否認：「視覺本身並非存在於眼前萬象之中，否則應能從眼前萬象中指陳出視覺存在於何處。」

佛要阿難從眼前物體中，確實指陳出視覺本身的存在之處（就如指出白兔在草中），阿難說：「眼前萬象都是物體，並非視覺本身。」佛印證：「如是！如是！」之後，佛反過來又要阿難指出，眼前萬象何者沒有視覺存在其中？阿難答：「眼前萬象都有視覺存在其中。」因為視覺若與眼前物象無關，二者完全二分，又如何可能見到萬象？佛又印證：「如是！如是！」這兩番印證似乎互相矛盾，現場亦有眾多弟子未能領悟，心生驚怖疑惑。

這時文殊菩薩憐憫大眾，指出問題，請佛開示超越「主與客」、「是與非」的二分區隔之理。佛問文殊：「如你文殊在此，是否另有一文殊，稱作『是文殊』或『不是文殊』？」文殊答：「我『真文殊』在此，沒有『是文殊』了。因為若有『是文殊』，則有二個『文殊』。然而『真文殊』中，實在沒有是非二相。」佛言：「正是如此，就如認得天上一輪明月，就不必困惑捏眼所見月旁幻現的第二輪明月，究竟是不是月了。」

「我真文殊，無是文殊」、「但一月真，中間自無是月、非月」，充滿禪機的對話，經中從此指點、開示，視覺與外境的對立統一是基於主體（能見）與客體（所見）都是真心分化的產物，在根本上原是相合的，若知如此，在能見、所見之上就不必強分是「主」、還是「客」了（正如夢中的我與萬物，其實都是心識幻現）。

禪公案中，有位僧人問長沙景岑禪師：「如何轉得山河國土歸自己去？」禪師反問：「如何轉得自己成山河國土去？」這正是要人體悟主客不二。

唐朝天台山國清寺僧人寒山、拾得、豐干，據說分別是文殊菩薩、普賢菩薩、阿彌陀佛的化身示現，遊戲人間。一日豐干欲遊五台山，問寒山、拾得說：「你們共我去，便是我同流；若不共我去，不是我同流。」寒山問：「你去五台做什麼呢？」答：「朝禮文殊菩薩。」寒山說：「你不是我同流。」

豐干便獨自朝禮五台，山中逢一老人，問他說：「莫非你就是文殊菩薩？」老者道：「豈可有二文殊！」豐干作禮，尚未起身，老人忽然不見。這則公案中，寒山代表文殊菩薩，豐干約寒山同去朝禮文殊，表示豐干不認識文殊，所以寒山說：「你不是我同流。」豐干至五台，又問老人：「莫非你就是文殊菩薩？」可見豐干還是不認識文殊，所以才多此「是否」一問。

顯見超情：真心超越凡情思量

阿難又提出疑問：「視覺的覺性本身既是形而上的真心本體，則與外道所說自然存在的真我有何差別？」佛陀先予開示：「能見的本身其實『非自然，亦非因緣』，因為所謂『自然』是具有固定不變的自性，無法隨緣，就如視覺若以光明為其自性，就應無法見到黑暗；又所謂『因緣』則是因緣所成，就如視覺若是以光明為因緣而有，黑暗之時就應無見，也無法見到黑暗；但事實上視覺能見明，也能見暗，所以非自然（因能隨緣）非因緣（覺性始終不變）。」之後，佛陀隨說隨掃，指出覺性本身遠逾常情思維：

當知如是精覺妙明，非因非緣，亦非自然。非不自然，無非不非，無是非是。離一切相，即一切法。

佛陀欲令阿難跳脫以概念把捉真心的慣性，又拉回之前指示的「無是無非」，要阿難再從視覺見物的當下，直下體認「離一切相（不落萬象中），即一切法（萬象又都是）」的自家覺性，可惜阿難仍以概念理解佛說。

顯見離見：真心超離凡情經驗

阿難又提出疑問：「視覺的覺性本體既然並非因緣所成，為何在見物之時卻必須假藉外緣？」佛陀先予解答：「固然，視覺看見外物須藉外緣，但見物之時，『見的本身』不是物，覺性本體並非因緣所成。」之後，佛更要阿難反觀「此見」：「一旦你能看見『此見』，便能明白『此見』（視覺）尚非純正的『真見』（真心），能從眾生身上具體指點的『此見』況且離緣，何況超離凡情的

『真見』？」

虎丘紹隆（一〇七七—一一三六）謁見圜悟克勤禪師（一〇六三—一一三五），禪師引用《楞嚴經》：「見（看見）見（真見）之時，見（真見）非是見（視覺）；見（真見）猶離見（視覺），見（視覺）不能及。」並舉拳問：「還見嗎？」答：「見。」圜悟禪師說：「頭上安頭。」紹隆脫然契證。圜悟叱聲：「見個什麼？」紹隆說：「竹密不妨流水過。」這則禪公案，打卻「頭（真見）上之頭（視覺）」，體認六根門頭（竹密）的見聞覺知，其實都是從真心流露出來的。

德山宣鑑禪師上堂說：「見見之時，見非是見；見猶離見，見不能及。」說完又大喝：「鯨吞海水盡，露出珊瑚枝。」這時大眾中忽然有個衲僧出來道：「長老休說夢話。」德山說法氣魄非凡，開示行者當如鯨吞大海，顯露藏於海底的真心寶藏；但衲僧卻勇於揭穿真心妙不可言，再漂亮的開示也只是接引夢中人的夢話。

從「七處徵心」到「十番顯見」，佛陀在在要阿難當下順佛語，迴光返照自家真心，但阿難一再以概念把捉佛說。聞法終究貴在體悟，佛陀與祖師的禪機棒喝，也只在驚醒夢中人。

擘開祕密千重鎖

——《楞嚴經》的心性結構

《楞嚴經》破妄顯真，層層剖析，正如梵琦楚石禪師（一二九六——一三七〇）頌云：

七處徵心心不有，八還辨見見元無；
擘開祕密千重鎖，迸出圓明一顆珠。

「七處徵心」到「十番顯見」重重指示，總的來說是從下而上，也就是從現象的蛛絲馬跡指點出真心本體，《楞嚴經》的知名註家明代的交光真鑑大師說這是「帶妄顯真」、「如指璞說玉」；若不從上而下地闡明如何從真心本體產生現象萬法，實在難以豁顯真妄之間的源流關係，從上顯下，交光稱之為「剖妄出真」、「如剖璞出玉」。

從真心到妄心

《楞嚴經》精闢深奧，經中開示常令讀者拍案叫絕、驚歎不已，卻也常感困惑難讀，自古以來上百家的注疏，各抒己見，更形成林林總總的異說迷宮，針對經中「徵心、顯見」的相關經文與注疏，本文彙整出「《楞嚴經》心性結構解析表」，讀者依此可掌握到《楞嚴經》的心性特色，也可了解真心與妄心之間的流變關係，亦略可統整諸家的紛雜異說，讀通楞嚴。

《楞嚴經》心性結構解析表

真心	真月	根性1	大圓鏡智	剖妄出真	水
第八識見分（識精）	第二月1	根性2	攀緣心1	帶妄顯真1	波
映於六根門頭	第二月2	根性3	攀緣心2	帶妄顯真2	妄心
六根攀緣性	第二月3	根性4	攀緣心3		識心
第七識	月影1		攀緣心4		攀緣心
前六識	月影2		攀緣心5	借假修真	即妄即真

備註：(1)《楞嚴經》中的心性結構涉及層面複雜而完整，不過經中多就大眾經驗指示（表中畫線之處）。

(2)數字代表同一名詞，具有不同層次的涵義。

(3)「六根攀緣性」詳見本書〈六根清淨方為道〉。

真心也稱佛性、如來藏，妄心也稱為識心（前八識）、攀緣心。

真心如水，妄心如波。真心本具清淨明照的功德，如水性本來清淨而有明照功能；妄心是因無明貪欲而起心動念，攀緣對象，如水起波，映照事物扭曲模糊，這就是眾生心。波動（眾生心）中的水性（佛性）並無任何改變，只是在明照的作用上大打折扣，但只要不擾動水，水自然回復平靜，映照事物就完全正確清晰。體認波即是水，即妄即真，從起心動念中體悟當下不變的佛性，放下執著擾動，波停心靜，智慧（大圓鏡智、清淨識、第九識）顯露，就是佛境界。

妄心包含八種心識：第八識稱作「阿賴耶識」（藏識），是妄心的起始，含藏真妄。第七識稱作「末那識」（意），產生我執，根深柢固影響第六識。第六識稱作「意識」，能統整前五識的資訊，形成我們的印象、感受與思想，乃至能專一入定。前五識是眼、耳、鼻、舌、身等五種感官的認識。

《楞嚴經》是「真常唯心論」，與唯識宗的八識系統不盡相同，唯識宗不講真心本體，八識各有其自體，諸識互不歸屬而又依存相關，而在《楞嚴經》或「真常唯心論」中，諸識都歸屬真心本體，從真心到第八識，第八識到前七識，都有源流的歸屬關係，如下：

◎真心↓起心動念產生**第八識見分**↓映於六根門頭產生**六根根性**↓對境攀緣產生前六識

◎**第八識見分**↓執我產生**第七識**↓影響**第六識**↓第六識能統整**前五識**印象

純粹知覺的根性

第八識無始以來從真起妄，如水起波，開始起心動念，略有攀緣傾向，《大乘起信論》稱作「無明業相」，依此而有明確的攀緣心念則稱為「轉相」或「能見相」，這也就是第八識的「見分」，是攀緣境界的認知能力，《楞嚴經》中也稱作「識精」，實包含了「業相」與「轉相」。

妄心是因無明貪欲而起心動念，攀緣對象，第八識的見分（識精）是極輕微的攀緣心，「見分」（知覺）是攀緣「相分」（對象）的心，以識精為根源，作用在眼、耳、鼻、舌、身、意的認識官能（六根）上，形成六根中的知覺性，也稱作「根性」。《楞嚴經》提倡「根性法門」，就是要我們從根性中認取覺性，覺性指認識官能中本具的、純粹的知覺性，如明鏡本具朗照的功能，自然照見物象，是全面平等式的覺知。正如蘇東坡居士（一〇三六—一一〇一）有次靜坐，「心念凝然不動，湛然如大明鏡；周遭紛雜的人鬼鳥獸，種種色、聲、香、味的交感，雖不起念，卻都能知」。

六根中的知覺性源自識精，識精的覺知性又自真心。從流溯源，六根的覺知性、識精、真心都是根性而愈趨圓滿。「根性法門」就是要我們從六根的知覺性上，返流溯源，體認六根知覺的本性。

對境分別的前七識

與「根性」相對的是前七識。從第八識見分，進而攀緣自我存在，產生執我之心，這就稱作第七識，也就是執著第八識見分為自我，這是我執的根源。

六根面對六境，依仗根性攀緣外境，形成六識。第六識「意識」的底層受到第七識影響，根深柢固帶有我執心態，意識起心動念，種種分別，都不離執著心態。

捨識用根的法門

交光大師提出「根性法門」的關鍵在於「捨識用根」，民初有「楞嚴獨步」之譽的圓瑛法師（一八七八——一九五三）亦力倡此說，但這「捨識用根」之說也易引起誤解，早在明末蕅益智旭大師就批評：「交光用根一語，毒流天下，遺禍無窮。」其實，「捨識用根」之「識」是指與「根性」相對的「識」，不是泛指一切心識，「根性」也有層次之分：「前七識」是「根性」（第八識見分、六根）攀緣對象產生的分別心，第八識見分與六根知覺是想攀緣對象的心，修行根性法門首先六根必須不攀緣外境生起六識，這要將注意力安住於根性上，進而提起覺照力反觀根性，返流溯源，從我們當下可體察到的前六識的根性（捨前六識用六根），進而回歸七識根性的源頭第八識見分（捨七識用其根性），從這識精再回歸佛性（捨第八識用其根性）。

真心譬如真月，帶妄的根性（識精與六根）就如捏眼所見月旁顯現的第二月，與真月的距離頗近，前七識是依仗根性攀緣對境所形成的分別心，離佛性則遠，只如水中月影。

不過「前六識」是我們生活與聞、思、修所需，我們仍然必須善用前六識「借假修真」，同時知曉前六識的攀緣性，進而捨識用根，安住返觀當下的覺知性，不攀緣對象，這還是「帶妄顯真」，進而「剖妄出真」，回歸真心佛性。

《楞嚴經》中的心性結構涉及層面複雜而完整，不過經中偏就大眾經驗指示，所以多辨六根與六識，要人認取六根之中的根性，進而反觀根性本身的寂常妙明之性，返流歸源，不從根性攀緣對境而起心動念，形成攀緣心。

佛陀遇見蘇格拉底

——《楞嚴經》徵心顯見的啟示

電影 *Peaceful Warrior*，直譯為「和平戰士」，但中文片名為《深夜加油站遇見蘇格拉底》（以下稱《蘇格拉底》），劇情是以美國現代青年丹．米爾曼（Dan Millman）為主角，丹是得獎無數的傑出大學體操選手，汲汲追求種種外在的美好成就，忘失當初愛好體操的純粹喜悅，但因意外受傷，面臨成功無望的絕境，頓感自己生命已無存在意義與價值，而也正由這大死，才有之後的大生。

中文片名《深夜加油站遇見蘇格拉底》是取自電影中的很重要的一幕場景，「蘇格拉底」在劇中指一位禪修的老人，但其實「蘇格拉底」可象徵「智慧」，而「深夜加油站」則指在無明黑暗之中，我們要努力加油，汲取智慧。這部片中許多劇情都可和《楞嚴經》的「徵心顯見」互相參照，《楞嚴經》深奧而古典，《蘇格拉底》則平易近人，充滿現代感，兩相對照，正可豁顯「徵心顯見」與現代生活的關聯。

探問初發心

多聞第一的阿難遭逢女難，歸來之後，佛不問阿難溺於淫舍的種種事由，只問他：「當初出家學佛的初發心是什麼？」

《蘇格拉底》中，丹自視甚高，揮霍青春，夜夜春宵，深夜在加油站遇見深不可測的老人，丹在老人面前自炫知識，也述及自身受訓的辛苦與期待贏得奧運，老人聽後淡定地說：「你要明白當初是看到什麼？」丹不解，卻高傲地說：「我知道的比你想像得多，儘管問我！」老人只問：「你快樂嗎？」「為何深夜睡不著？」

《楞嚴經》與《蘇格拉底》揭示同樣的課題：才貌雙全（才），多聞知解（解），卻溺於名、利、財、色（行）。而智者總是直指人心，啟發我們省思：在我們的人生走向與工作職業中，是否還記得當初的觸動與發心？現在快樂嗎？初發心的純粹喜悅還在嗎？我們的初發心正確嗎？如何才能得到真正踏實的快樂呢？

佛要阿難尋找自己的心，阿難於是「七處覓心」：心居身內、心在身外、心潛眼根、心分明暗、心則隨有、心在中間、心乃無著，其實這「七處覓心」正反映出眾生對自心的茫然無知。

戀身與戀物

「心居身內」的認知，反映出眾生的「身見」心態。「我執」正是以「身見」為首，眾生最能感受自身而貪愛自身，深深在意美貌與體格，時下五花八門的化妝、整形更是大行其道，總都執著自身為一己的存在之處，所以大眾咸認為「心居身內」。正如《蘇格拉底》中，青年主角間的男歡女愛，彼此相問：「如果我體格（身材）不好，你還會迷上我嗎？」後來丹摔斷大腿，頓感自己一無是處。巧的是在《在天堂遇見的五個人》（*The Five People You Meet in Heaven*）的影片中，也是兼具帥氣與體魄的青年主角腿部傷殘之後，後半生都活在自卑自艾之中。

「心在身外」的命題，則反映出眾生的戀物心態。眾生貪愛不止，從貪愛自身，進而迷戀外境，逐物意移，以擄獲外物為自我的存在目標，終日心在身外，得失心重，互相競爭比較，終致為物喪身。經中，摩登伽女對阿難的一見鍾情，乃至阿難的多聞第一，是否也是心在身外？《蘇格拉底》中，丹為追求外在的功名利祿，汲汲營營，獲獎無數，但當右腿傷殘之後，功名無望，哀莫大於心死，在絕望中瘋狂打壞曾經獲得的獎牌、獎杯，同時也蒙生出自我毀滅之心。

《楞嚴經》在指出宗教亂象時，提及有些道場使用幻術，讓徒眾看見師父顯現出各種莊嚴身相與光明，或者看見自己坐寶蓮花上，散放紫金光，於是著相求道，終致淫逸其心，潛行貪欲，這些也都是貪著內身與外相，迷亂真心。

空虛難耐，隨時攀緣

「心潛眼根」的命題，反映出眾生隨時準備攀緣的心態。在各種感官中，視覺最為豁顯，五顏六色正是眾生所好，「心潛眼根」正是隨時準備「觀光」的心！

「心分明暗」，則反映出眾生的貪癡心態。我們的心終日想要向外攀緣，勞勞碌碌之後，閉眼休憩，則只見一片無明黑暗，「心分明暗」正反映出眾生向外的貪與內在的癡。「心則隨有」更直指「攀緣心」，眾生心時時想透過感官攀緣塵境，隨境生心。《蘇格拉底》片中，丹生活光彩亮麗，上名校、練體操、娛樂、泡妞，但深夜卻驚醒失眠，一旦空閒下來，頓感空虛難耐，總要以外物填滿自己。

人生迷惘，無法安頓

「心在中間」反映人生的模稜兩可，騎牆心態，迷失主人翁，找不到真心，人生向左轉或者向右轉，追求心靈精神抑或是物質享樂，經營理想還是回歸現實？「心乃無著」更反映出心如遊魂的飄蕩不安，不知如何安頓自心？就如《楞嚴經》中提及的「矯亂論者」，回答問題常說：「亦有亦無、亦增亦減。」自己不能決定，弄得問者也很混亂，卻自以為是「無著」中道。

阿難在歷經「七處覓心」之後，找不到真心，一向慣用的攀緣心卻遭佛陀否定，阿難頓時陷入虛無情境與兩難之中，若捨棄「攀緣心」則「無心」可用，但若不捨「攀緣心」又如何可得「真心」？

人生迷惘，無法安頓，也如《蘇格拉底》的丹接受老人的禪修訓練，夜夜打掃、刷洗馬桶，導致白天精神不濟，體能衰弱，丹無法體認老人的訓練用意，終於在與老人爭執之後離開，回到過去風流倜儻的生活，也為追求奧運光環而努力不懈。

「只要實現夢想就快樂，那是真正永久的快樂」，似乎一切快樂與人生存在意義都回來了。但是好景不常，丹突然遭逢車禍，重度傷殘，成功無望，丹忽覺失去一切，找不到自身的存在意義，晚上夢見登上高塔，竟然遇見原先傲慢的自己，傲慢的丹要拉頹廢的丹一同墜樓，丹突然省覺就是這個「傲慢心」要了他的命，讓現在的他頹喪不堪，他要放手讓傲慢的丹獨自墜樓，傲慢的丹驚恐大叫：「沒有我，你將一事無成。」但丹堅持放手，讓傲慢的丹墜下，丹突然驚醒，在深夜冒著大雨去找老人安心。

攀緣的妄心與覺性的真心

《楞嚴經》提出，眾生因為不知「二種根本」的差別，所以無法捨妄歸真；「二種根本」就是真、妄的根本。虛妄的根源是攀緣心，攀緣心就是貪求的心，無事之時會想有事，有事之時則對境生心，凡是起心動念總是攀緣心。真實的根源則是不攀緣的心，不攀緣的心就是真心，眾生恆常起心動念而遺失真心，但是只要放下貪著，就能發現原來真心就在自己的心底，只因向外貪求，心海起伏，所以智慧不彰，因小失大，卻不自知。

《蘇格拉底》片中反映出現代西方功利文化的困境，正因攀緣外境，總想獲取功成名就，導致遺失清明的覺性，雖然奮發用心生活，只是錯用了心，以致愈認真用心，卻離真心愈遠，貪求愈來愈多，社會的成功典範常也是以貪、瞋、癡為動力的人生寫照。現代西方之所以流行東方禪修，正是因為高度物質文明導致道德淪喪、心靈不安，乃至全球環境瀕臨毀滅危機，有此大死而後欲求大生，因而朝向心靈覺醒回歸。

攀緣心／真心，因為是二種根本，所以時時刻刻在我們生活中上演：物欲橫流／簡樸生活（色）；虛情假意／真誠無偽（受）；意識型態／純真初心（想）；躁動不安／活在當下（行）；妄想執著／空靈的心（識）。我們生活在哪一邊？起心動念是靠近真心還是妄心？《楞嚴經》中「十番顯見」正開示我們如何善用真心。

用真心看透透

《楞嚴經》中的「顯見是心」開示，視覺不只是透過眼睛產生，更是心的作用。所以，我們不要只用眼看，更要用心看，不被外表蒙蔽。

《蘇格拉底》片中，老人要求丹思索人生真理，丹從自身的經歷與知識提出「憤怒是根源於恐懼」、「最被討厭的人最欠缺愛」，乃至混沌理論、塗麵包的方法，丹很用心思索，但卻一一被否定；後來丹計窮言絕，靜下心來，突然感受到覺性清朗，當下覺知周遭一切，這才學會用真心看世界。其實，這正同於參禪過程中破妄顯真的歷程，也與《楞嚴經》中，佛讓阿難覓心，阿難從自己思索，到徵引佛說，都被否定，最後江郎才盡，二者的參悟過程有著異曲同工的用意。我們能否參透表面文章，用真心看清一切？

心靈訓練：不動心→恆常心→無懼心

「顯見不動」中，阿難見佛的手掌開合，或是阿難左顧右盼，當下阿難都體認到自己的覺性不動，覺性寂而常照，照而常寂。《蘇格拉底》片中，同樣也有這「動中不動」的工夫，老人說丹從來沒有用心看世界，要他專心活在此時、此地、此刻，丹終於學會活在當下的覺照中，做體操時，身動心不動，動作卻出奇完美，表現出乎意料之好！

「顯見不滅」中，波斯匿王原本認為一切無常，身心終將滅盡，後來驚覺身心中的覺性永恆不滅，十分歡喜踴躍。這啟示我們要堅持「變中不變」的恆常心志，《蘇格拉底》片中，丹熱愛體操，卻因傷殘，奪金無望，放棄體操，老人鼓勵丹繼續從事體操活動與訓練：「戰士永不放棄他熱衷的事業，戰士堅持他自己的工作，戰士只能在他的所愛中找尋到生命的意義。」「戰士毋須盡善盡美，不須常勝不敗，不必刀槍不入，事實上戰士非常脆弱，那才是唯一真正的勇氣。」身體很脆弱，終歸敗壞，唯有為法忘軀，實現純淨初心，體現永恆精神，才配稱為戰士。

「顯見不失」中開示，豎手與垂手只有正倒之別，手並未曾失去，覺性也是如此。既然，覺性的生命永恆不死，只要安住覺性，面臨任何境界，都不必驚惶失措。《蘇格拉底》片中，老人與丹遭遇搶劫，老人一再問搶匪，要不要這個，要不要那個，最後全身衣褲都脫給搶匪，老人與丹只穿內衣走在街上，丹責怪老人是在玩命，老人卻說：「死亡是一種轉變，死亡並不可悲，可悲的是大多數人根本沒有真正活過！」老人勇於實踐所知，心無罣礙，無有恐怖，是真正的戰士。

肯認純粹的覺性

「顯見無還」中開示，我們覺知到的一切事物都是源自外在，唯有覺性是自家的，無法還給外在。《蘇格拉底》片中，丹質疑老人：「您要我相信您那套？」老人說：「不！我希望你不要從外在世界收集信息，而要相信自己的內心。人們都害怕自己的內心，而內心恰是他們的唯一歸宿。」為了讓丹體悟，有一次老人把丹從橋上推落河中，丹氣急敗壞上來，老人問：「你墜落的時候想的是什麼？當時你在全心墜落！」

確實，只有覺性無還，一直跟隨自己，這才是自家唯一寶藏。

「顯見不雜」中更指出，覺性純粹，不雜外境。《蘇格拉底》片中，老人的第一課便是要丹「倒掉腦中的垃圾」！後來丹學會活在當下的技巧，體操表現完美無瑕，打敗所有較勁的同儕，獲勝的滋味令丹內心狂喜，老人卻說：「你心無旁騖保持多久？你現在是活在過去，沾沾自喜，並非活在當下。你什麼也沒學到！」後來，丹的隊友在比賽前問丹：「如何才能有最佳表現？」丹說：「拋開雜念，不要想奪金，也別想他人，只要專心做好，全心投入那一刻。」隊友則說：「可是我們就是為了奪金，只有奪金才能讓生活幸福快樂。」丹彷彿看見過去腦中充滿雜念與欲望的自己。

純粹的覺性才是自己唯一擁有的寶藏，也是自家的主人翁，心中自有主宰，才能清明無懼，頂天立地，否則必定成為外界的奴隸，庸庸碌碌，患得患失，惶恐度日！

小中見大的智慧

《楞嚴經》的「顯見無礙」中開示：心本如虛空，在方器中顯現方空，在圓器中又呈圓空，雖然確有方圓大小的空間，但虛空其實並未被阻隔夾斷，虛空無處不在，遍滿融通，「於一毛端遍能含受十方國土」，揭示心的廣大自由，不受器界局限。

《蘇格拉底》電影的開場，是拍攝丹在比賽中落下的一滴汗珠，而丹也正是在沖澡時，察覺到滴滴水珠的存在，而體驗到活在當下的覺知力量，這透露出一葉知秋、「一即一切」的圓融精神。片中丹問老人：「如果你真的那麼博學，那你為什麼還在加油站工作？」老人回答：「這是一個服務站，我們提供服務，沒有比這個更崇高的意義。」只要道存於心，不論行、住、坐、臥、各行各業，都是展現行道的場所。

所以，老人在訓練丹的過程中，要他打掃廁所，但丹不明白刷洗馬桶與體操訓練有何關係，憤而負氣離開。其實，老人正是藉此考驗丹是否能夠放下功利性思維，活在當下。莊子不也說：「道在尿溺之間。」孔子也說：「君子不器！」一般人容易誤以為位高權重、享有名、聞、利、養的人就是大師，但看人看細節，廣大甚深的佛法正是從當下的言行舉止、微小細節中無偽地體現。

我、人、萬物平等

「顯見不分」中佛說「覺性不是萬象」，又說「覺性是萬象」，許多佛弟子對這前後矛盾的說詞，感到驚惶與不解，其實真心是超越主體與客體、是與非的對立，融通一切。

《蘇格拉底》片中，在丹初步體驗清明的覺性之後，老人突然拿出菸酒享用，丹驚訝於老人的舉動而問：「我們不是不沾菸酒嗎？」其實，這是老人故意要引發丹存於內心、執著好壞是非的固有觀點，老人反問：「你覺得我們比別人優秀嗎？其實沒有誰比誰更好，也沒有誰比誰更差，只有習慣與因果的問題！」領悟覺性而自視高人一等，這就如同見到「覺性不是萬象」，但眾生皆有覺性，實際平等，這又同於「覺性是萬象」，丹的慧根不凡，當下領悟老人開示的平等觀。

不過，丹又自鳴得意地說：「難怪你會選擇我來傳授心法！」老人卻說：「是你選擇了我！」丹疑惑地問：「為什麼我要相信你？你教我只相信自己的內心！」老人說：「你怎麼知道現在的我，不是你的內心在跟你自己說話？我的選擇就是你的選擇！」丹說：「難道是我的心創造了你？不要把我搞得精神錯亂！」《莊子》中，莊周觀魚而感悟「魚樂」，惠施質疑莊子：「你又不是魚，怎知魚樂？」莊子反問：「你又不是我，怎知我不知魚樂呢？」其實，真心自能融通、感應一切，不分我、人、萬物。

不斷經歷而超越

「顯見超情」指出覺性的狀態超越凡情思量。《蘇格拉底》片中，丹在學習安住覺性之後，但仍拋不開滿腦子的妄想與競爭心態，丹向老人告白：「有時我真不欣賞自己，同伴受傷，我第一時就想到可能對我有利！」老人說：「思想不代表你的人格，大腦只是一個反射器」、「垃圾就在腦中，別用腦思考」、「拋開雜念，活在此時此地此刻」，覺性才是真我，凡情思量不是真我！

「顯見離見」指出覺性的狀態超越凡情經驗。「知識與智慧是兩碼子事，智慧就是親身實踐」，丹傷殘成為跛子，悲傷痛哭，老人說：「凡事皆有意義，你得自己找出意義。」老人說要讓丹大開眼界，帶丹去登山，一路旅程丹充滿期待與喜悅，在山頂上老人指著腳下一塊普通的石頭，原來這就是要給丹看的東西，丹頓時感到失望與憤怒，老人開導丹：「人生是謎，永遠不知道會遇到什麼！」

老人在教會丹用真心生活之後，消失無蹤，老人如何跳躍到房頂的方法永遠是謎，老人的境界是丹無法窺見的，但老人已教導丹用真心生活的方法，丹必須自我超越，超越自我。

前念迷即凡夫，後念悟即佛

《楞嚴經》的古老經文「十番顯見」，透過現代電影《深夜加油站遇見蘇格拉底》的情節重新解讀，碰撞出智慧的火花，誠如莊子所說：「知其解者，是旦暮遇之。」真理確實總能超越時空相遇。

「十番顯見」啟發我們善用真心生活，成為十足的生活藝術家：

1. **視覺本是心的作用（顯見是心）**

身為肉眼凡胎之人，常被外表蒙蔽，不見實相，或者用牛羊眼看人，從門縫把人看扁；禪心，是用佛眼看眾生，見到眾生皆有佛性，是用真心看世界，見到世界的美麗與哀愁。

2. **真心超越空間動態（顯見不動）**

世局動盪浮沉，眾人顧盼游移，投機取巧，奸巧欺詐；禪心，是如如不動，穩若泰山，用真心待人處世。

3.真心超越時光流逝（顯見不滅）

現代速食文化，世多見異思遷；禪心，是維持恆常不變的願心，勇往直前。

4.真心本具超越得失（顯見不失）

世人追求功利，患得患失，惶惶度日；禪心，是安住於本來具足的自性，安祥無懼。

5.覺性是自家主人翁（顯見無還）

在現代物化的潮流中，世人汲汲營營，競相成為外物的奴隸；禪心，是心靈的自主、自由、自在。

6.覺性是純粹的主體（顯見不雜）

世人處事，總多夾雜私欲，名利熏心；禪心，是找回失去的純然喜悅之心。

7.真心超越客體限制（顯見無礙）

在社會化的俗套之中，世人總多隨波逐流，用大小眼、勢利眼看人；禪心，是明明白白，小中見大，大中見小，不被俗套拘蔽。

8.真心超越主客區隔（顯見不分）

世人多在我相、人相、是非與物我對立中打轉，導致人我紛爭與生態危機；禪心，是彼此感通、萬物平等的祥和境界。

9.真心超越凡情思量（顯見超情）

眾生心常是喋喋不休、如瘋猴子般的心；禪心，是妄想止息、不可思議的清涼境界。

10.真心超離凡情經驗（顯見離見）

世人貪著色、聲、香、味、觸、法，盲爽發狂；禪心，是從日常生活、搬柴運水之中，如如不動，當下體驗一切都是真心的神通妙用。

誠如惠能大師（六三八—七一三）開示：「前念迷即凡夫，後念悟即佛。」眾生即是佛，端看我們是否肯用真心生活！

〈第三講〉

真空幻有

虛擬世界

——《楞嚴經》五陰皆空

《心經》談「五蘊皆空」：「色不異空，空不異色；色即是空，空即是色；受、想、行、識，亦復如是。」文字相當「概念化」。《楞嚴經》開示「五陰（蘊）皆空」，則兼用「具體化」的方式，理事兼備，從生活的情境中親切指示五陰皆空，又透過「現象皆空」顯現「本體不空」。

五蘊（陰）是指組成世界與身心的五種要素：色、受、想、行、識，色是物質現象，受、想、行、識是心理現象，「受、想、行」大致是指感受、概念、意念，是「認識的作用」，「識」則是「認識的主體」。蘊指積聚，陰指覆蓋，五蘊（陰）的意思就是，色、受、想、行、識這五種積聚的身心元素，會覆蓋住我們的佛性智慧。

色陰如空花

《楞嚴經》中談色陰，以「空花」為譬喻：久瞪虛空，眼睛疲勞，則會見到虛空中產生光影，這是「瞪發勞相」所產生的「虛空狂花」，空花是從虛空中來？或是從眼睛中來？空花本不存在於眼睛與虛空之中，只是因緣和合產生，空花的本身並無實體，只是暫起幻有。這是比喻眾生因為執著貪愛境界，世界山河大地就會如大夢般地顯現出來。物質現象（色陰）就是眾生非常堅固的執著所反映出來的堅硬現象，不過其實也只是空花水月的一場大夢，但若不覺是夢，貪愛執著，夢中的物質世界依然堅固，牢不可破。若能勘破色陰，則如丹霞禪師頌云：

色自色兮聲自聲，新鶯啼處柳烟輕，
門門有路通京國，三島斜橫海月明。

色聲的影像，開悟（新鶯啼處）之後，只如夢幻泡影般的輕煙，一切都是真心

（京國）的幻現，世間如幻亦真，佛光普照，宛若仙境（「三島」是中國神話中，神仙居住的海上三神山）。

受陰例摩掌

經中談受陰，舉「摩掌」為例，以兩手掌相摩，感受發熱，這熱是從左手來？還是從右手來？或是從虛空中來？手掌相摩產生之熱，本不存在於手掌與虛空之中，只是因緣和合產生，熱的本身並無實體，只是暫起幻有，一切感受都是如此虛妄。我們常被各種「觸受、愛取」強烈驅使，吃喝玩樂，愛恨情仇，「需要的不多，想要的太多」，返璞歸真、簡樸生活才最是人生安居的踏實之道。

想陰例望梅

經中談想陰舉例：想像飲用醋梅，就會生出口水；觀想腳踏懸崖，就會足心痠澀。這就是所謂「心生則種種法生」，思想好像很有力量，能夠「心想事成」，但這思想的主動性、創造性，卻都是依仗心的記憶、印象所引起的作用，所以其實也是我們的心被外境所操縱，所謂「法生則種種心生」，思想是透過外境所形成的印象概念組成，這就是思想的本質、真相，思想是活在過去，才牽引出現在，又投射未來，我們活在過去、現在、未來中活靈活現，其實只是活在印象、概念構成的虛擬世界之中。

正如佛在世時，有三兄弟聽聞毘耶離國有淫女菴羅婆利、舍衛國有淫女須曼那、王舍城有淫女優鉢羅槃那，姿色綽約。兄弟三人晝夜思念美女，都夢到與淫女好合。夢醒之後思慮：「彼女不來，我亦不往，而淫事成辦。」因而領悟到，世間一切都是心想所生的虛擬境界。

思惟「三世、三心，了不可得」，從而體悟我們是活在心想的虛擬世界之中：

1. 時間分為過去、現在、未來，過去已過，未來未至，所以，過去、未來都非真實存在，但我們卻不斷活在過去、未來的攀緣執著中，如此建構自己的存在與生活世界，感覺活得很真實，其實這是我們的錯覺！

2.過去的成長、經歷，形成現在的我，我們執著留戀過去，但過去已不存在。所以，放下對過去的留戀吧！

3.我們常憧憬未來，有夢最美，但那尚未存在，並不真實，同樣，我們會想明年、明天、今天，……這些也都尚未存在，同樣不真實。放下對未來的幻想吧！

4.現在是什麼？一秒？千分之一秒？……找得到現在嗎？就算找得到，現在很快也成為過去，也不實在，我們感受到的時空世界，其實都只是心識的投射、幻化。

5.進而，心識也是生滅無常的，誠如《金剛經》云：「過去心不可得，現在心不可得，未來心不可得。」三心了不可得，五蘊皆空。

行陰如流水

行陰是指遷流、造作、相續不斷的心理作用，如意志、念頭生滅不斷等。經中譬喻行陰如同「暴流波浪」，但是流動其實並非水的本性，所以，我們應反觀自己為何起心動念？念頭為何不能停止？這都是由於心中貪著繫念不斷！

禪宗形容我們的種種心想如「急流水上打毬子」，這就是在行陰（急流）上生起種種心念（打球）的寫照，也如同電腦畫面是由閃爍不停的微細質點所組成的。

識陰如瓶空

經中譬喻眾生的心識存在（識陰）如同瓶中的虛空，我們以為自己的心識只在身中，就好比誤認瓶中的虛空為獨自存在，其實虛空是遍滿一切處所，何能被瓶子局限與割截，只是我們執著自身，自我局限自己的存在罷了！

陸亘大夫問南泉普願禪師（七四八—八三四）：「古人瓶中養一隻鵝，逐漸長大之後無法出瓶，如今不得毀瓶，不得損鵝，如何能讓鵝出來？」南泉召呼：「大夫！」陸亘應聲：「諾！」南泉說：「出來了！」陸亘因此開解。心識本無自他隔閡，不必自困牢籠！

經中又說，眾生來來去去好比瓶子被攜來帶去，其實虛空何曾移動！正如報恩慧明和尚問禪客：「從何而來？」云：「都城。」和尚說：「上座離開都城到此山，則都城少了上座，此山多了上座。多則心外有法，少則心法不周。」禪客無言以對。禪客不明「法身」如虛空，本無來去，「肉身」來去只是假象。天衣義懷禪師（九八九—一〇六〇）則不凡，禪師赴杉山，上堂云：「二十年樂慕此山，今日且喜到來。因緣際會，山僧未到此山，身先到此；洎乎來到，杉山却在山僧身內。」這「身」便是講法身，不只是肉身！

觀空與參禪
——《楞嚴經》空如來藏

《楞嚴經》在「徵心顯見」探討主體心性之後，擴大探討宇宙整體存在，包括從五陰、六入、十二處、十八界、七大等方面，揭示「空性」與「如來藏」的一體兩面性質，這稱為「空如來藏」。

五陰皆空的論證

《楞嚴經》「五陰皆空」的論證理路，本文以「色陰」為例說明：經中舉「空花」譬喻色陰，所謂「空花」是指，久瞪虛空，眼睛疲勞之後，會看見虛空中產生狂花般的光影。「空花」是比喻物質現象的產生正是如此。空花是真是幻？如果

「空花」是實體，應可明確地指出它的來處，這時就要分析「空花」的所有可能出處，「眼」瞪「虛空」產生「空花」，它的來處只能是從「虛空」中來，或者是從「眼睛」中來。就好比手上拿到一顆球，這顆球是從哪裡來？我們一定可以找到這顆球原來是在甲處，還是乙處，不論如何，球一定會有原來確切的存在處所。但是，空花「非從空來，非從目出」，根本找不到出處，所以空花不是實體，它只是因緣和合產生的虛妄幻象。

經中更仔細地論證了「非從空來，非從目出」，先假設空花是實體：

1. 若空花是從虛空中而來，去時也應進入虛空之中，但若有物體出入虛空，虛空就不是虛空了。空若不是虛空，就是實體，則不能容納花的出入，正如兩個物體不能相容穿透。

2. 若空花是從眼睛中來，消失之時也應進入眼中；並且，空花若是從眼出，空花的性質應當也帶有「見」的性質，空花回來眼中之時，空花應能看見眼睛；即使空花沒有見的性質，空花回來之時也當遮翳眼睛；但都不如此。

所以，如果空花是實體，在實體狀況下所應有的可能情形，都不能成立，因此，空花不是實體。其實，任何現象都是緣起而非永恆不變的實體，所以五陰都是虛妄，「本非因緣（實體性的因緣所生），非自然性（無因緣而自有）」。

從空到如來藏的理路

空宗論證空，常用「歸謬論證」，先假設事物具有實體性質（永恆不變的自性），但如此一來，「果」與「因」的性質必然不相容納，而找不到事物的來處，足見事物是無自性的因緣和合產生，無實如幻的生起。《楞嚴經》論證空，也是將這抽象的理則應用在具體的例子上，如空花、虛空、眼睛，三種性質不相容納，所以不能產生具有自性的因果關係。

不過，若事物是幻化而有，為何世界並不如夢幻中的顛倒無序？為何因果報應井然有序？只說空幻並無法清楚解釋緣起的因果法則，所以唯識學再從唯識變現的理則上解釋因果關係，但「識」畢竟還是生滅法，滅了之後如何可能再生起，如波滅後，若水也滅盡，如何可能再起波瀾？若前念完全滅盡，後念如何可能持續前念的因果作用？《楞嚴經》是如來藏說，如來藏是眾生的佛性，也是一切現象的本體，如來藏說主張波必依水，假必依實，生滅必依不生不滅，現象空幻的背後，正顯現出本體不空，因果現象最終都必須依附於本體上才能持續存在，如經云：

如來常說，諸法所生，唯心所現，一切因果，世界微塵，因心成體。……若離前塵有分別性，即真汝心；若分別性，離塵無體，斯則前塵分別影事。塵非常住，若變滅時，此心則同龜毛兔角，則汝法身同於斷滅，其誰修證無生法忍？（卷一）

一切浮塵諸幻化相，當處出生，隨處滅盡，幻妄稱相，其性真為妙覺明體。（卷二）

但《楞嚴經》亦言：「識心分別計度，但有言說，都無實義。」（卷三）、「言妄顯諸真，妄真同二妄。」（卷五）法性（諸法的真性）的本身是絕待不可思議、不可說，超越一切理解、概念，甚至包括「法性」、「有無」的概念。指法性為「本有」或「本體」，是從現象中依因果關係推說法性，並非法性本身的如實性（不可思議）。在推說層次上有正誤之別，有多種角度，而依因果體用的概念則必須推說法性是本體，是諸法的依止。更進一步說，理解與言說是從現象的相對關係上建立（是假名），並不能真正指絕對自性（非實名），有關「絕對性的概念」是就主體的分辨上假說，並非尅就實相本身說。

正如憨山德清大師所言：

夫心性者何？乃一切聖凡生靈之大本也。以體同而用異，因有迷悟之差，故有真妄之別。所謂三界惟心，萬法唯識。以迷一心而為識，識則純妄用事，逐境攀緣，不復知本有真心矣。若知真本有，達妄元無，則可返妄歸真。從眾生界，即可頓入佛界矣。達摩西來，單傳心印，頓悟法門，正是頓悟此心。此禪宗心性真妄之旨也。……心性之說蓋在於此。若宗門向上一著，則超乎言語之外，又不殢心性為實法也。

觀空與參禪的方法差異

觀空的方法常是觀察現象之間的緣起關係，從而證明緣起性空，現象無實，是如幻如化地生起。以觀察念頭為例：如他人罵我，我生起瞋念，這時觀察瞋念從何而來？不是從他人來，因為若他人罵聖人，聖人並不會生氣，反而生起憐憫之心；也不是從自己的前念而來，因為若前念正在喜悅，瞋念不應從喜念而生；更不是從虛空中來；所以，這瞋念是因緣和合之下，如幻如化的生起與存在。

參禪則更須參究現象如幻生起的終極來處，從現象追究至本體，徹法底源。如「參話頭」，直接參究念頭的來處，向內看，向深處看，不是在現象之間、前念後念之間分析打轉。

如是因、得如是果：觀空，觀察現象之間緣起性空；參禪，參究現象底下的本體。觀空，證得現象的空性；參禪，證得萬法的唯心本體。《楞嚴經》是如來藏說的妙典，但經中也常開示空觀，從現象空幻之中，更透顯出本體不空。現象與本體原是一體兩面，證得現象全空之後，只要不住於空，向上一著，本體必定躍然浮現。

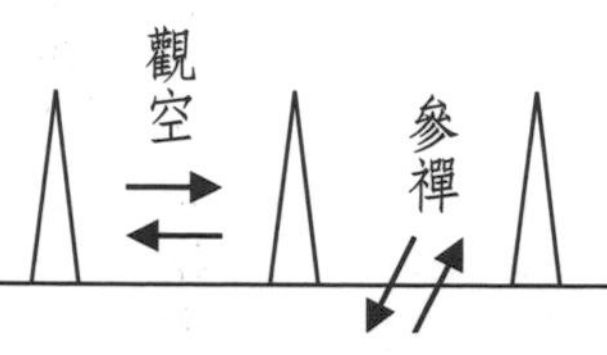

圖說：
觀空，常是現象之間的平面觀法；
參禪，則是體用之間的立體觀法。

蕅益大師的參究楞嚴

明末的蕅益智旭大師常參楞嚴法義，於《楞嚴經玄義》中對本經推崇備至：

（《楞嚴經》）誠一代時教之精髓，成佛作祖之祕要，無上圓頓之旨歸，三根普被之方便，超權小之殊勝法門，摧魔外之實相正印也。

大師對《楞嚴經》的契會，誠如聖嚴法師（一九三〇—二〇〇九）所言：「（智旭）是以宗述《楞嚴經》為主的禪者。而且，基於此一本位意識，便產生性相融會、諸宗融通的形象出來。他之所以註釋《楞伽經》、《起信論》、《唯識論》等經論的目的，都是以《楞嚴經》為基礎，以期促成佛教的統一論旨。」

蕅祖自述於徑山坐禪的開悟經驗：

逼拶功極，身心世界，忽皆消殞。因知此身，從無始來，當處出生，隨處滅盡，但是堅固妄想，所現之影，剎那剎那，念念不住，的確非從父母生也。從此，性相二宗，一齊透徹。

大師開悟的境界與形容用語，多同於《楞嚴經》中所述。「當處出生，隨處滅盡，但是堅固妄想，所現之影」，大多是經中觀空的用語；「身心世界，忽皆消殞；的確非從父母生也」，又與經中阿難尊者的開悟相似，「身心蕩然得無罣礙；反觀父母所生之身，猶彼十方虛空之中吹一微塵，若存若亡」。大師領悟身心世界是空，同時也開悟本心，現象與本體一齊透徹，亦同於阿難「了然自知，獲本妙心，常住不滅」，正是觀空與參禪一時並了的楞嚴禪。

六根清淨方為道

——《楞嚴經》六根虛妄與圓通

手把青秧插滿田，低頭便見水中天；
六根清淨方為道，退步原來是向前。

布袋和尚這首〈插秧偈〉，具足空、假、中三觀：「手把青秧插滿田」是真空妙有、有為度世的「假觀」；「低頭便見水中天」是內觀本覺，具足空假、寂而常照的「中觀」；「六根清淨方為道」是不貪求、不攀緣的「空觀」，也是為道的基礎。三觀其實彼此互攝，一觀即具三觀。「退步原來是向前」，正是《楞嚴經》云：「逆流深入一門，能令六根一時清淨。」唯有「逆流」、「退步」才能「六根清淨」。

迷悟唯在六根

「六根」或稱「六入」、「六處」，指眼、耳、鼻、舌、身、意等六種認識官能，是外境進入並產生認識作用之處。依《楞嚴經》的法義，「根性」具有四種層次：最高層次指「佛性（如來藏、真常心）」，是覺知的根源；其次，帶有微細無明，則成「識精」（大抵指阿賴耶識的見分）；之後，覺知分化映在六根門頭，形成六根的各別根性；從佛性到形成六根的階段，覺知作用都如鏡鑑物，是不揀擇的全面顯現境象。再往下則產生最粗淺的根性，對境之時，「吸此塵象」，攀緣聚焦於特定對象；在根境和合的當下，同時產生六識的認知，進而分別塵境的種種狀態。

四重根性與六識產生源流：1.佛性↓2.識精↓3.分化六根覺性↓4.合塵的六根覺性（聚焦於特定對象）↓5.六識（分別塵境）

《楞嚴經》談「六根虛妄」正是指「合塵的六根覺性」，而經中在「二十五圓通」中有「六根圓通」，六根圓通都是覺知能力的提昇，離塵而知，逆流而上。若將「六根虛妄」與「六根圓通」對照來看，更易明瞭根性的意義。

六根	六根虛妄		六根圓通	
	塵境範圍	根性	證果聖人	法門
眼	色的明暗	見性	阿那律陀	旋見循元
耳	聲的動靜	聽聞性	觀世音	耳門入流
鼻	氣的通塞	嗅聞性	周利槃特迦	返息循空
舌	味的甜苦、淡	知味性	驕梵鉢提	還味旋知
身	觸的合離	知覺性	畢陵伽婆蹉	純覺遺身
意	法的生滅	覺知性	須菩提	旋法歸無

備註：「觀世音菩薩耳根圓通」另見本書〈反聞自性〉。

體驗六根虛妄

經中談六根虛妄的模式都相類似，先舉出六根運作的具體例子，讓我們親身體驗從六根的操作中，實地考察各根的攀緣慣性與塵境產生的情境——根性總想攀緣，不甘寂寞，外境於焉顯現。以眼根的經文為例：

云何六入本如本藏妙真如性？阿難！即彼目睛，瞪發勞者，兼目與勞，同是菩提，瞪發勞相；因於明暗，二種妄塵，發見居中，吸此塵象，名為見性，此見離彼明暗二塵，畢竟無體。如是，阿難！當知是見，非明暗來，非於根出，不於空生。……是故當知，眼入虛妄，本非因緣，非自然性。

六根運作的慣性模式都是「瞪發勞相」，「瞪發勞相」的意思是，久瞪虛空，眼睛勞碌之後，會看見虛空中產生虛幻的光影，比喻六根的慣性總是向外攀緣執取，境界則隨心如夢幻般地顯現，以滿足自我的貪欲與需求，這正是眾生心及世界產生的模式。所以，六根的根性與攀緣的對象，都是「瞪（六根慣性）發勞相（塵境）」的模式。

眼根的見性是以形色的明暗為攀緣的對象，我們以「眼瞪虛空」進行體驗，「見性」不耐空無一物，逐漸會看到各種明亮的光影浮現；耳根的聽聞性以聲音的動靜為攀緣對象，塞耳之後，「聽聞性」不甘靜寂，逐漸會聽到耳鳴之聲；鼻根的嗅聞性以氣息的通塞為對象，「嗅聞性」一再吸氣，則生涼感；舌根的知味性以甜苦與淡為對象，「知味性」一再舔唇則會有或甜或苦的滋味；身根的「知覺性」攀緣物體的接觸與離開，而產生冷暖等觸覺；心意的「覺知性」輾轉於憶忘、寤寐等活動之中，生滅不停。

在如上體驗考察六根運作的慣性模式之後，經中又運用「空觀模式」，反覆觀照六根產生之前，找不到六根的存在處所，由此確認六根的產生是緣起性空，同時認清六根不是由實體性的因緣而生，也非自然而有，六根本身虛妄無實。

見證六根圓通

1. 眼根圓通、天眼第一的阿那律：

我剛出家時，常樂睡眠，有次如來訶斥我如畜生，我啼泣自責，七日不眠，導致雙目失明，後來世尊教我「樂見照明金剛三昧」，我不需用眼，便能觀見十方，我從精真的根性，就能直接看見大千世界，洞然如觀掌中果實。對我而言，「旋見循元」（迴轉向外看，轉向根性），正是第一的圓通法門。

2. 鼻根圓通的周利槃特迦：

我記性差，四句偈背誦百天仍記不住，佛愍我愚，教我專注於安住呼吸，我觀察呼吸，窮盡微細到氣息的剎那生滅，忽然間我的心地開豁無礙。對我而言，「返息循空」（藉由觀呼吸，氣息歸空，開顯覺性），正是第一的圓通法門。

3.舌根圓通的驕梵鉢提：

我有口業，於過去劫輕弄沙門，所以世世生生有牛呞病，口中常會反芻，如來教我「一味清淨心地法門」，我觀照到根塵和合的嚐味之知並無自體，當下內脫身心、外遺世界，豁然如鳥出籠。對我而言，「還味旋知」（從味覺上體悟性空，開顯本覺），正是第一的圓通法門。

4.身根圓通的畢陵伽婆蹉：

有次我在路中，毒刺傷足，舉身疼痛，同時又覺知到我的清淨心並無疼痛，我思惟一身怎有雙覺？攝念觀照之後，身心忽空。對我而言，「純覺遺身」（反觀覺性本身，遣去攀緣塵境的觸覺），正是第一的圓通法門。

5.意根圓通、解空第一的須菩提：

我在母胎中就知空寂，後又蒙佛啟發，更徹悟圓明覺性，這才頓入如來寶明空海，同佛知見。對我而言，「旋法歸無」（空如來藏），正是第一的圓通法門。

六根攀緣對象是眾生的虛妄慣性，從中返觀離塵的純粹覺性，就是圓通之道，六根的順逆之間「差之毫釐，失之千里」，正是轉凡成聖的關鍵，人人都可當下體驗修學，親見真實與虛妄。所以，十方微塵如來異口同音告訴我們：

汝欲識知俱生無明，使汝輪轉生死結根，唯汝六根更無他物！

汝復欲知無上菩提，令汝速登安樂解脫寂靜妙常，亦汝六根更非他物！

櫻花下的約定

——《楞嚴經》「誰明空色」

《楞嚴經》中探問：「當眼見色之時，是色生眼見？眼生色相？誰明空色呢？」

誰能明瞭空與色？日本電影《櫻花下的約定》（桜、ふたたびの加奈子）中，母親痛失愛女，日夜懸念，經歷喪女之痛與重獲之幸後，豁然領悟、放下，讓彼此自由，全片對照出五陰熾盛的悲情與悠然放空的意境。

色即是空

《櫻花下的約定》的片頭是喪禮，以黑為主的色調與場景，環繞女兒過世的哀傷。在樸實水泥質地的門廊外，黑色禮車載送遺體駛離，隱沒白光之中。原本母親要拿相機記錄小孩上學的第一天，彩色人生正要起步，無奈意外，無常速至。人之生死，絢爛終歸幽隱，還歸虛空，然而母之憶子，最難釋懷。

《楞嚴經》中說「明暗」與「記忘」是「眼睛」與「意識」的對象，我們的慣性總是「瞪發勞相」，不甘空寂，總想把捉過去的記憶，情執強烈，將感招唯識顯現的境界……。

受即是空

片中，做早餐、養狗、吃飯，平常的家庭生活，充滿幸福歡樂；但在女兒過世後，同樣的生活起居，母親卻處處睹物思人，顧影生憐，痛苦煎熬。

佛經中記載，有位母親抱著剛死的孩子求佛救治，佛要她去找一戶從沒死過人的家庭，才能救活小孩，母親跑遍大街小巷家家戶戶一一詢問，終於領悟生死無常是必然之事。《楞嚴經》中，摩登伽女證道後也說，自己生生世世正是因為無法割捨貪戀愛欲而飽經痛苦折磨。

經中要我們觀察體驗，愛、恨、情、愁，憂、悲、苦、樂，原不存在，感受從何而來？若從自己的心中來，為何原本平靜的心會生出喜、怒、哀、樂？若從外境而來，為何眾人感受不同？若從虛空而來，更無道理。其實，感受恰似「晴時多雲偶陣雨」，是因緣和合的虛幻產物，萬物生滅無常，只要「執取」必然痛苦，樂極則生悲，「放下」才能平靜。

想即是空

櫻花盛開，小女孩想像自己的結婚典禮，約好要給母親看口袋內的東西，但母親太忙，小女孩獨自跑到櫻花樹下，把口袋中的花瓣灑向虛空，漫天飛舞，彼此是否還記得這「櫻花下的約定」？

母親思念亡女，心裡一直叨念著「我想見她」，自殺未遂之後，彷彿可以見到女兒，是妄想症？還是靈異事件？或許都有。母親幻想牽著女兒的手，走進幼稚園，畫面透過圓筒形的幽暗隧道向外展開，園內地上畫著各式圓圈，小朋友們手牽著手圍成一圈，或者有人玩著圓環，或者玩球、或在吹泡泡，到處都是圓，大圓、小圓把大夥圈在一起，人生嚮往圓滿無缺。生與死也透過隧道、經由牽手相連，但當泡沫吹向天際，一切又宛若夢幻泡影。父親雖也痛失愛女，同樣痛苦，但能以理性克服感性，堅強引導妻子走出陰霾，重過平靜生活。

《楞嚴經》云：「純想即飛，純情即沉。」人是「情想均等，想明斯聰，情幽斯鈍」，人應以智導情，我們心想光明或者幽暗，想法如何就將感招如何的境界：

> 因諸愛染發起妄情，情積不休能生愛水，是故眾生心憶珍羞口中水出，心憶前人或憐或恨目中淚盈。……因諸渴仰發明虛想，想積不休能生勝氣，是故眾生心持禁戒舉身輕清，心持呪印顧眄雄毅，心欲生天夢想飛舉，心存佛國聖境冥現，事善知識自輕身命。

眾生高低境界都是心想所成，勿被夢幻泡影的想陰境界覆蓋自己的人生。

行即是空

片中多次穿插櫻花或樹葉凋落於溪水之上，隨波流逝。櫻花樹正值盛開時，也正是櫻花紛紛飄落之際，榮與枯同時進行。大自然本是如此，榮枯循環返復不停，人世也是如此，這正是「行陰」的遷流意象。

《楞嚴經》中譬喻行陰如瀑流，《金剛經》亦云：「過去心不可得，現在心不可得，未來心不可得。」萬象更迭，生滅歸空，不可留住。任它浮雲自往來，我心清淨如虛空。

識即是空

母親教小女兒記憶住址，不要迷路，正如《楞嚴經》云：「子若憶母，如母憶時，母子歷生，不相違遠。」母親不斷憶念亡女，冥冥感招遇到亡女投胎之後的男童，小男孩心地純真，還認得母親，母親悲欣交集，但在相認之後，母親把他還給男童今世的媽媽，並保證說：「在他忘了前世之前，我不會再跟他見面。」多年後，喪女的母親遇到男孩，孩子早已忘了前世，「雖然見不到她，但她並沒有消失不見」。鏡頭未拍出彼此的面容，身分不再重要，聲聲地再見，母親也有了新的孩子，一切彷彿如夢，愛在不言中。

經中說「識陰」如「瓶中虛空」，被攜來帶去，正是指我們認為神識在身體之中，但是虛空何曾能被局限，我們的心靈實如大虛空，「瓶中虛空」只是假相，神識在輪迴之中，忘了前世，身分、地位何曾實在？生生世世角色互換，哪一世才真？用智慧與勇氣打破自我局限的框架，打開「無量心」，活在當下的「慈悲喜捨」之中，才能灑脫地感恩與祝福一切。

解環自在

老奶奶開舊書店，象徵「古老智慧」，她常玩解環遊戲，告訴晚輩：「所有東西始終都會拆開的。」「起點也好，終點也罷，繞了一圈，起點就是終點。但是不經這一回，就解不開心結。」在小孫女意外死亡的時刻，圓環解開落下，正如櫻花飄落。劇中母子相認後，小男孩把口袋中的櫻花灑向大海，完成了前世的約定。劇終之前，場景花枝春滿，一片虛空。

生與死，記與忘，緣生與緣滅，究竟該如何看待？寶誌禪師（四一八—五一四）頌云：

迷時以空為色，悟即以色為空，迷悟本無差別，色空究竟還同。
愚人喚南作北，智者達無西東，欲覓如來妙理，常在一念之中。

《楞嚴經》開示：「汝愛我心，我憐汝色，以是因緣，經百千劫，常在纏縛。」眾生因為貪色愛憐的業力牽纏，生生死死無法停止輪迴，不論記與忘，有緣終究相逢，唯有領悟「色空不二」，才能解開環結，自由自在，以虛空為家，永不迷路。

靈光獨耀，迥脫根塵

——《楞嚴經》根塵虛妄與圓通

靈光獨耀，迥脫根塵，
體露真常，不拘文字；
心性無染，本自圓成，
但離妄緣，即如如佛。

這是百丈懷海禪師的著名語句，其中「迥脫根塵，體露真常」正是《楞嚴經》論六根、六塵，「十二處虛妄」與「圓通」的最佳說明。

從有入空、入中

經中從見色聞香等處，接引我們悟道，在各種情境中，進行空觀，領悟「中道佛性」，顯現「從有入空、入中」的模式。

「十二處」是指眼、耳、鼻、舌、身、意等六種認識官能（六根），與色、聲、香、味、觸、法等六種認識的對象（六塵）。六根與六塵的組合，如「眼見色」，我們感覺「眼見與色」是實實在在的天生一對，正因如此，所以經中要大力指出，根塵的結合只是攀緣形成的配對，並非牢不可破，經中從「根塵互破」（眼見色、耳聽聲），或單從根破（身），或單從塵破（香、味、法），證明六種根塵的結合並非天生自然，而是因緣性空，虛妄無實。

唯有逆向思考，看清真相，才能跳脫慣性迴路形成的僵化格套，了知「眼見色」是如夢幻般的唯識變現，「十二處，本如來藏，妙真如性」，妙境密圓，萬法終究都是隱密圓滿的心性之所顯現。

以下，我們將經中佛開示的「十二處虛妄」與六位聖人見證的「六塵圓通」，以理論與實踐對照來看。

十二處虛妄			六塵圓通		
六根	六塵	舉例	證果代表	悟道因緣	證悟境界
眼見	色	觀看園林	優波尼沙陀	色因：修不淨觀	妙色密圓
耳聽	聲	聽聞鐘鼓	憍陳那	音聲：聞佛說法	妙音密圓
鼻聞	香	嗅聞檀香	香嚴	香嚴：聞沉水香	妙香密圓
舌嚐	味	嚐醍醐味	藥王、藥上	味因：遍嚐諸味	因味覺明
身觸	觸	以手摩頭	跋陀婆羅	觸因：洗浴身體	妙觸宣明
意知	法	心意攀緣	摩訶迦葉	法因：六塵變壞	妙法開明

備註：經中六塵圓通的次序，以憍陳那為首，憍陳那是最早悟道的「聲聞」。

眼見色的虛妄與圓通

當我們觀看園林美景，「眼見與色」的結合，是否天經地義？「眼見與色」是「色生眼見？眼生色相？」如果「眼見與色」真的綁在一起，就不應見到虛空（無色），「色與空」性質不同，凡夫執著「見色」，其實「眼見與色」的組合只是眼向外攀緣色塵，本身虛妄無實。

色塵圓通的優波尼沙陀說：

我修不淨觀（對治眼貪色的慣性），生大厭離，最後觀照白骨化為微塵，歸於虛空，領悟色空相對而無實。塵色既盡之後，心性顯發的妙色密圓。對我而言，證悟圓通，「色因」為上。

耳聽聲的虛妄與圓通

當我們聽到鐘鼓音聲，是聲來耳邊？或者耳往聲處？若是聲來耳邊，如我外出，這裡則沒有我；聲來你耳，則他人應不俱聞。若是耳往聲邊，你聽聞鼓聲之時，耳已往擊鼓之處，鐘聲齊出應不俱聞。若無來往，則應無聞。所以，聽與音聲並無固定處所，虛妄無實。

聲塵圓通的憍陳那說：

如來成道後，最初在鹿野苑為我們五比丘宣說苦集滅道的四聖諦，我們聞聲悟道，體解妙音密圓。對我而言，證悟圓通，「音聲」為上。

聲波並非實體，聞聲悟道只是假藉音聲傳達佛法，如手指月，意在言外。

鼻嗅香的虛妄與圓通

我們嗅聞鑪中檀香，這香氣是生於檀木？還是生於鼻中？或者生於虛空？若香味是生於鼻中，但鼻非檀木，為何鼻中有栴檀氣？若生於空，空性常恆，香應常在，何藉鑪中燒爇檀木？若生於此檀木（指神奇的牛頭旃檀），為何它的香煙騰空不遠，四十里內已經同時嗅聞到了這香氣（具有遠距感應）？

香塵圓通的香嚴童子說：

> 我宴坐之時，聞到燒沉水香的香氣，寂然來入鼻中，我觀這香氣非木、非空、非煙、非火，去無所著，來無所從，因此意銷，發明心地。塵氣倏滅，妙香密圓。對我而言，證悟圓通，「香嚴」為上！

感官認識，本身無實，只是唯心所現，「遠距感應」能超越時空距離更是如此，萬物內在本來就是「密圓」的連結。

舌嚐味的虛妄與圓通

當我們嚐到酥酪醍醐的上味，這醍醐味是生於空中？生於舌中？或者生於食物之上？若這味道是直接生於舌上，為何一舌可知多味？若這味道是生於食物之中，我們的品味就不應有所差別；若生於空中，虛空當作何味？

味塵圓通的藥王、藥上兩位法王子說：

我無始劫為世良醫，口中嚐試娑婆世界的草木金石，苦醋鹹淡甘辛等味，有毒無毒，悉能遍知。承事如來之後，了知味性非空、非有、非即身心、非離身心，我分別味因而得開悟，因味覺明，位登菩薩。對我而言，證悟圓通，「味因」為上！

身觸物的虛妄與圓通

以手摩頭的觸覺，是從手邊產生？還是從頭上產生？若在於手，頭則無知？若在於頭，手則無用？若各個有，則人應有二身；若頭與手都是同一觸覺，則手與頭當為一體，但若一體，哪來相觸？

觸塵圓通的跋陀婆羅說：

我於洗浴之時，忽悟觸水之覺，既不因水而有，也不因身體而有，我離兩邊而於中道安然，得無所有，妙觸宣明。對我而言，證悟圓通，「觸因」為上！

意知法的虛妄與圓通

心意攀緣善惡、無記等「法塵」（藉由五塵等外境，形成的內心認識對象）。這法塵是即心所生？還是離心存在？若即心所生，何藉外境產生內心印象？若離心存在，則法塵的屬性是知？或是非知？知則是心，若是非知，法塵也非五塵及虛空等外境，法塵本身當在何處？

法塵圓通、頭陀苦行第一的摩訶迦葉說：

我於往劫日月燈佛滅度後，供養舍利、燃燈續明，以紫光金塗佛形像，從此以來，世世生生，我身相好圓滿，紫金光聚，紫金光比丘尼，即是與我同時發心的眷屬。（福報雖然如此殊勝）我卻反觀世間六塵（會歸法塵）終究變壞，更以空寂無相修入滅盡定，身心乃能度百千劫，猶如彈指之間（遠勝於前），證悟妙法開明、銷滅漏失的境界。對我而言，證悟圓通，「法因」為上！

總之，凡夫常在見色聞聲之時，處處執著，經中便從生活例證，要我們體驗根塵結合的當下，緣起性空，虛妄無實，誠如文殊菩薩開示：

見聞如幻翳，三界若空華，

聞復翳根除，塵銷覺圓淨。

見色聞聲就像有眼病而生起的幻象，其實整個世界也如空花水月般地虛幻不實，見聞若能回復清淨，不染外塵，看破放下，便能開顯圓滿的覺性智慧。

眼見為實不足憑

——《楞嚴經》識性虛妄與圓通

根塵同源，縛脫無二，識性虛妄，猶如空花。
由塵發知，因根有相，相見無性，同於交蘆。
知見立知，即無明本；知見無見，斯即涅槃。

這些是《楞嚴經》的名句。「根、塵、識」共有「十八界」，「十八界」是指形成認識的「因、緣、果」，若以「眼、耳、鼻、舌、身、意」等六種認識官能「六根」為因，面對「色、聲、香、味、觸、法」等「六塵」則為緣，產生「六識」為果。

經中依序分析六根、十二處（根、塵）、十八界（根、識、塵），從單純而複雜，累加而上，一一指出虛妄不實，以「眼」為例說明：

眼	攀緣對象	證果聖人的圓通法門
眼根	見色明暗	阿那律陀的眼根圓通：旋見循元→樂見照明。
眼根＋色塵	觀看園林	優波尼沙陀的色塵圓通：修不淨觀→妙色密圓。
眼根＋色塵→眼識	眼色為緣	舍利弗的眼識圓通：一見則通→見覺明圓。

備註：六根、十二處圓通詳見本書〈六根清淨方為道〉、〈靈光獨耀，迥脫根塵〉二文介紹。

六根虛妄

這是以六根為本，分析虛妄情境。六根運作的慣性模式都是「瞪發勞相」，「瞪發勞相」的意思是，久瞪虛空，眼睛疲勞之後，會看見虛空中產生虛幻的光影，比喻六根的慣性總是向外攀緣執取，境界則隨心如夢幻般地顯現，以滿足自我的貪欲與需求，這正是眾生心及世界產生的模式。所以，六根的根性與攀緣的對象，都是「瞪（六根慣性）發勞相（塵境）」的模式，若擴大來說，萬法都是「根本無明」瞪發勞相的顯現，所以「知見立知（攀緣），即無明本；知見無見（放下），斯即涅槃」。如眼根是以形色的明暗為攀緣的對象，我們以「眼瞪虛空」進行體驗，「眼見」不耐空無一物，逐漸就會看到各種明暗的光影浮現。這正是六根虛妄的情境。

十二處虛妄

這是以六根與六塵的組合，分析虛妄情境，如「眼見色」，我們感覺「眼見與色」是實實在在的天生一對，正因如此，所以《楞嚴經》中要大力指出，根塵的結合只是攀緣形成的配對，並非牢不可破，六種根塵的結合並非天生自然，而是因緣性空，虛妄無實。正如我們觀看園林美景，「眼見與色」的組合，是否天經地義？「眼見與色」是「色生眼見？眼生色相？」

如果「眼見與色」真的綁在一起，就不應見到虛空（無色），「色與空」性質不同，凡夫執著「見色」，其實「眼見與色」的組合只是眼向外攀緣、執取色塵，「由塵發知，因根有相（塵相），相見無性（塵與根的組合產生的認識現象並不實在），同於交蘆（兩枝蘆葦相倚而立，譬喻因緣所生法）」，根塵和合並非天生自然的配對，本身虛妄無實，反倒把覺照的功能局限縮小了。

十八界虛妄

經中談十八界虛妄，特只就「識」而論，「識性虛妄，猶如空花」，其實十八界中的根塵虛妄，佛在之前已經論證，所以現今只再破「識」，如：眼根與色塵為因緣，生起眼識，這眼識是因眼所生？還是因色所生？

1. 若單從眼生，沒有形色與虛空，縱有眼識，有何作用，眼識能分別什麼？這種眼識，與眼根的見性，都是無形無相，又如何區別？

2. 若單從「形色」所生，對境為「虛空」之時，眼識應滅，如何又識知虛空？

再者，若形色變遷之時，眼識也了知原來的色相變滅，但眼識卻不隨之消失不見，如此，色相與眼識的因果關係如何成立？若說眼識也從色相變遷而變，這正是緣生無實。

3.若兼二種，眼識是眼、色共生，則其體性雜亂不純，如何能自成一界？

所以，眼色為緣，生眼識界，根、塵、識三處的十八界組合，同於十二處一般，也只是「攀緣心」現起的情境，本身虛妄無實。不過，雖然六識虛妄，但我們也能運用六識修學佛法，讓心清淨，心愈清淨，六識也愈明利，而能轉識成智，誠如惠能大師言：「但淨本心，使六識出六門，於六塵中無染無雜，來去自由，通用無滯，即是般若三昧、自在解脫。」

六識圓通

1.眼識圓通、智慧第一的舍利弗：

我曠劫以來，心見早就清淨，種種現象，眼識一見則通。今生我逢見迦葉兄弟宣說因緣法義，因此領悟心無際限，而後從佛出家，更達致見覺明圓的境地。對我而言，心見發光，光極知見，是第一的圓通法門！

2.耳識圓通的普賢菩薩：

我用心聞，分別眾生所有知見，例如他方恆沙界外，若有一眾生心中發明普賢行，我立刻乘坐六牙白象至其處所，縱使此人見不到我，我也會暗中為他摩頂加持。對我而言，心聞發明，分別自在，是第一的圓通法門！

3.鼻識圓通的難陀：

我初出家時，心常散動。世尊教我觀鼻端白，見鼻中氣出入如煙，煙相漸銷，鼻息成白，諸出入息化為光明，照十方界。對我而言，銷息明圓，是第一的圓通法門！

4.舌識圓通、說法第一的富樓那：

我曠劫來，辯才無礙，宣說苦空，深達實相，助佛轉輪。對我而言，法音降伏魔怨，是第一的圓通法門！

5.身識圓通、持戒第一的優波離：

我承佛教戒，三千威儀、八萬微細，性業、遮業悉皆清淨，身心寂滅。對我而言，從執身而身得自在，次第執心，心得通達，然後身心一切通利，是第一的圓通法門！

6.意識圓通、神通第一的大目犍連：

我逢遇迦葉兄弟宣說如來因緣深法，我頓時發心，得大通達。十方如來歎我神力，圓明清淨自在無畏。對我而言，意識旋返清湛，心光發宣，如澄濁流，久成清瑩，是第一的圓通法門！

總之，「根塵同源，縛脫無二」，如何纏縛，反向即解脫。我們不安於空寂，念念貪心，向外攀緣，境界則會如夢幻般地幻現；進而又處處黏著境界，造成覺性分化狹礙，六根隔閡不通，就如水凝結成冰，膠著不動，卻以為六種根、塵、識的配對本來如此，不知是自己鑽進牛角尖裡出不來，也不想出去，所以經中從根、塵、識的緣起關係上，大力指出根、塵、識虛妄不實，尤其珍貴難得的是，經中結合「教、禪、證」，不落空談，反覆舉出六根運作的例證，讓我們可以當下親身體驗，運用根、塵、識修行辦道。

戲夢人生

——《楞嚴經》合塵與合覺

背覺合塵，故發塵勞有世間相；
滅塵合覺，故發真如妙覺明性。

這是《楞嚴經》中的名句，眾生違背清淨的覺性，想要攀緣塵境，因此產生世間種種的塵勞現象；菩薩則滅卻塵勞，回歸覺性，故能發揮本來具足的佛性智慧。

鑽出牛角尖

《楞嚴經》談色陰與眼入（根）虛妄之時，都運用眼瞪虛空、久之則見光影的譬喻。這「瞪發勞相」之喻，是在說明：眾生心具有攀緣執著的慣性，而在「一切唯心造」之下，境界則會如夢幻般地現前，六根攀緣六塵，如眼見色，我們總以為「眼見」與「形色」是自然天生的一對，但它們的組合，其實是因為眾生心攀緣執著不同的對象，致使覺性分化，鑽進牛角尖出不來，根與塵一雙雙地被綁在一起，不得解脫自由。

再如，意識總愛攀緣外境影像，內心進而依循自己的意欲與慣性，執取加工，把捉記憶，塑造自我，意識總在記與忘、醒與夢之間徘徊游移，「意識虛妄，猶如空花」，前世的我又是誰？倘若我們能看清、放下這一切攀緣、執著的心態與現象，鑽出牛角尖，就能走向六根互用、圓通無礙的佛境界。

現以兩部電影來看「錯用心」與「善用心」的方式。

美麗境界：放下滿足自我的虛擬世界

美國著名傳記電影《美麗境界》（*A Beautiful Mind*），改編自諾貝爾經濟學獎得主約翰‧納許（John Nash）的傳奇人生，納許是位數理天才，對於環境中存在與發生的事物，常能洞察其中的數理規律。納許就讀博士班時，一心觀察鴿群之間或人際之間的競爭互動，想參透這些現象背後的規律，特異獨行，常被同儕嘲笑，但他後來悟出互助雙贏的「博奕理論」（Game Theory），推翻了現代經濟學之父亞當‧史密斯（Adam Smith）一百五十年來牢不可破的經濟理論，被廣泛運用在經濟學、計算機科學、演化生物學、人工智慧、會計學、政策和軍事理論等方面，造福世人。

納許專注於思考，活在數理世界，不懂與人相處之道，孤芳自賞，不過內心卻渴望友情與文藝情調，大學時代開始產生嚴重幻覺，在虛擬世界中，納許有了最好的浪蕩室友與可愛善良的小女孩陪伴，還有情報組織的老大要納許幫忙破解密碼，拯救國家危機，納許長久活在解碼的神祕氛圍中，妄想症日益嚴重。最後，納許觀察到小女孩始終沒長大，終於頓悟了他們都是虛幻人物。

心識無染清淨，「滅塵合覺」，便能發揮智慧，通達無礙，「慧光圓通」，這便是天才。味塵圓通、遍嚐百草、為世良醫的藥王菩薩，以及眼識圓通、對事一見就通的舍利弗，都是如此。

納許一心專注於研究，發明新理論，也是如此；但納許卻又孤高自傲，鑽進牛角尖，聰明反被聰明誤，納許「瞪發勞相」引發精神分裂，內心渴望感情慰藉與成就的滿足感，幻化出虛擬情境及人物。

不過，納許畢竟是深具慧根的天才，當他頓悟幻象之後，在愛妻的堅定鼓勵之下，勇敢放下滿足自我的虛擬世界，納許不再理會幻化人物，他們雖然一直糾纏與存在，但漸漸地安靜下來，不再影響納許。

納許是第一位不靠藥物，而能自我控制重度精神分裂的病患，這絕非偶然。納許對治幻覺的方法正符合《圓覺經》中所開示的「於諸妄心亦不息滅，住妄想境不加了知」、「知幻即離，離幻即覺」，就是不對立、不注重、不理會夢幻虛妄的世界。納許不僅走出幻覺，更能一改過往，放下自傲自尊，走入現實，善與人同，過著平常心的覺醒生活。

千年女優：身陷不斷輪迴的執取

日本知名動畫電影《千年女優》，描繪女明星千代子終生追尋一名偶然相遇、卻沒能看清面目的男子。千代子常演出電影，電影內容縱橫千年，也都是一直在追尋愛人，不過在千代子臨終之際，終於領悟，或許她不是愛那個陌生人，而是愛那樣追尋夢幻的自己！

這部表現「意識流」的影片寓意深遠，千代子出生之時發生地震，同時父親過世，這象徵當我們打出母胎、向外追尋之時，就與我們自己的根源分離，正如道家所說，元初之時有「渾沌」存在，當神明替渾沌鑿開七竅，渾沌便死亡了。基督宗教則說，亞當、夏娃吃了善惡知識之果，被逐出天堂。佛家講「背覺合塵」，若配合劇情來說，人一出生，獨立出來（人性），便遺忘了根源（佛性），但潛在一直想要追求、回歸完美；可嘆的是，人認不清什麼是完美，因此追求未知長相、背景，只有模糊訊息的神祕完美影像。

所以，千代子生生世世都在不斷地追尋與奔跑，又始終追不上，不斷地呼喊著：「等等我！」千代子臨終時終於領悟，她與她所追尋的對象，並非真正的一對，那只是她自己的執取而已，其實她愛的是如此的自己。同時千代子回憶到，她曾演出從月球朝向無限宇宙啟航的影片，這份憶念，使她從追尋有形對象，躍向無形的精神向度。

人類正是由於不斷追求無限，促使文明愈益進步，不過可悲的是，文明愈進步，世界卻愈亂，心靈也愈加墮落，但人往往還是堅持要追尋那永無止盡、日新月異的高度文明與理想，這確實是人類文明難解的悲情，就像劇中千代子潛意識幻現的女巫，對千代子又愛又恨。除非人能迴光返照自己本身，向內追尋，否則只有迷失在無垠的宇宙之中，永遠尋不到出路。

赤馬仙人：跨越世界的邊界

在《阿含經》中，有位赤馬仙人想要窮盡宇宙邊際，一生不停地飛行，卻是抱憾而終；但因仙人有顆追求真相的心，轉世遇見了佛陀，仙人請教佛陀：「到底我們能不能跨過這個世界的邊界？」佛陀告訴他：「世間因愛染而有，唯有斷除愛染，內心清淨，才能真正跨越世間邊緣。」

《楞嚴經》說：「自心取自心，非幻成幻法，不取無非幻，非幻尚不生，幻法云何立？」納許、千代子、赤馬仙、芸芸眾生，都是執取自心的欲求與自心招感的現象，活在自心變現的夢幻泡影之中，只要能夠放下、不取，就能夠恢復本來的清淨面目。

此刻，說「非幻」尚嫌多餘，更無「虛幻」可言！雖然，「放下」才能展現生活妙用，但人生也必須有所「提起」，「提起」究竟是攀緣還是妙用，端看是執著日深，還是愈發的慈悲喜捨！

〈第四講〉

自性圓滿

一色一香無非中道

——《楞嚴經》七大性具

《楞嚴經》的七大之說，充分體現天台宗的「色香中道」、「無情有性（佛性）」的「性具」思想。

四科空如↓七大性具

《楞嚴經》在論證五陰、六入、十二處、十八界等「四科」緣起性空之時，同時提出「假依於實」的「如來藏緣起」，如「波必依水」，以說明萬法產生的最終依據。

經中接著講「七大性具」，七大是指地、水、火、風、空、見（根）、識等七大。七大緣起的原理，略舉經中「地大」之說：

首先分析組成大地的單位，大地由「微塵」組成，微塵又由「極微」組成，極微更由「隣虛塵」組成，倘若再析破隣虛塵，便成「虛空」。隣虛可析成虛空，反之，虛空也可出生物質。那麼，一個隣虛塵，如何從虛空而有？又析破隣虛塵成為虛空，是用多少物質轉化成為虛空？但是，物質與虛空如何能互相轉換呢？

進而，經中又闡釋出性具之理：

如來藏中，性色真空，性空真色，清淨本然，周遍法界。隨眾生心，應所知量。循業發現，世間無知，惑為因緣，及自然性。

地大（色）的因子是在如來藏的本性中原自具足的（性色），同理，一切物質與心識的七大現象都是「性具」。所以「虛空」其實並非空無，在本性的虛空中包含著一切潛能（性空真色），萬法的產生是「藏心性具↓循業發現」的架構。

七大性具與天台法華

密教的六大緣起說，主張地、水、火、風、空、識等六大，是一切萬法的本體，各各周遍法界，互具互遍，這與《楞嚴經》的七大緣起相當一致。而本經根據不生滅的根性，多一「見大」，《楞嚴經》特別指出「根性」（覺性）的重要性，更加完備精到。

顯教宗派中，「性具思想」是天台宗的獨到之說，天台宗的立宗經典是《妙法蓮華經》，智者大師（五三八—五九七）根據其中〈觀世音菩薩普門品〉著作《觀音玄義》，提出性具思想。不過在〈普門品〉中，其實並無性具思想的明文依據；然而《楞嚴經》中，不但有類似的〈觀世音菩薩耳根圓通章〉，並且顯然又具有七大性具思想，只是未加使用「性具」一詞。據載，智者大師為求《楞嚴經》印證其創作的《摩訶止觀》，朝暮西拜求經十八年，直至臨終，仍無緣一見本經。《楞嚴經》中的七大性具之說，確實可資印證大師的性具思想。

「性具」是指萬有的差別原型，在本體性中都是具足的。如來藏中所具備的萬有之性，會隨著惑業而緣起為現象界。「如來藏中，性色真空，性空真色，清淨本然，周遍法界」，諸法並非只是消極以本體為「質料因」（如波依水），本體也是萬法的「形式因」。譬如夢中顯現萬法，夢中萬法都以心識為質料因，且因萬法的原型在心識內具足，所以萬法才能在心識上浮現出來。同理，因為心的本性具備萬法的原型，所以萬法才能唯心所現，惑業只不過如做夢般地喚起心識中本具的萬法原型。譬如若無真月，則無月影。再如，陽光透過稜鏡產生七彩，七彩的差別性原本就屬於陽光的體性，不屬稜鏡。

反之，若非性具，則萬法的原型將歸於妄心創造，若以真妄隔絕的觀點來說，差別相只是一味虛妄，並無究竟意義。因此，性具之說，將萬法的原型歸於「心性本具」，不但保住萬法的形式意義，更將差別性提昇至絕對必然之性，也豁顯了本性的豐富內涵，意義重大。所以，以當體清淨來說「妙有」並不夠強烈；以性具萬有來說「妙有」最為恰當不過，也就是萬有差別其實是性具的表現與開展。無疑地，性具之說對一味講求清淨空寂的出世間法，予以當頭棒喝，使人注重現實經驗界中的完美性，體察「一色一香，無非中道」的性具之旨。

依於性具的圓融立場，當然不宜說萬法是由心所生的，而是心即萬法，同理也不能說心包萬法，天台宗稱之為「非縱非橫」。故天台宗說：「若圓說者，亦得唯色、唯聲、唯香、唯味、唯觸、唯識。若合論，一一法皆具足法界諸法等。」這與此經的七大遍周，實是異曲同工之說。

持地菩薩的地大圓通

《楞嚴經》中持地菩薩說：

過去世我常於一切要路、津口、田地、險隘，勤苦造橋鋪路。毘舍浮佛之時，有次我平整道路迎佛前來，毘舍如來為我摩頂開示：「當平心地，則世界地，一切皆平。」當下我即心開，悟見身中微塵與形成世界的所有微塵等無差別，微塵自性（都融入心性）不再相礙，即使我身遭逢刀砍兵刃也能無所觸礙。今生我聽聞如來宣說：「妙蓮華佛知見地。」與我之前所證知見完全相同。對我而言，我以諦觀身、界二塵，本都是如來藏循順虛妄的業力，所顯發出來的塵境，逆之則塵銷智圓成無上道，這是第一的圓通法門！

持地菩薩講述自己的本修法門「地大圓通」，提到他曾聽佛說：「妙蓮華・佛知見地。」而持地菩薩也在《妙法蓮華經・觀世音菩薩普門品》中出現，讚歎普門功德，《法華經》的宗旨又正是在開示佛之知見，似乎「妙蓮華・佛知見地」正指《法華經》。

再者，《楞嚴經》中佛在開示七大性具之後：

爾時阿難，及諸大眾，蒙佛如來，微妙開示，……各各自知，心遍十方，……獲本妙心，常住不滅。……銷我億劫顛倒想，不歷僧祇獲法身，願今得果成寶王，還度如是恆沙眾。

大眾蒙佛開示，悟入眾生各各本有的佛心，發願成佛度眾。

綜上可知，《楞嚴經》闡明七大性具思想之後，大眾開悟發願，頗相應於《法華經》的「開權顯實（實相）」、「開示悟入佛知見」、「唯有一佛乘」與天台「性具」的精神。但《法華經》唯重於說「佛意」（意旨，如教育部規畫教育理念方針），不在於論「佛義」（義理，如學校的實際教學內容），《楞嚴經》確可說是將《法華經》的佛意，以義理充實之，所以宋代以來的天台祖師大德，非常重視弘揚《楞嚴經》。

情與無情同圓種智

——《楞嚴經》色、空、身、心的虛實觀

虛空有盡，我願無窮；
情與無情，同圓種智。

這是佛門課誦本中，大慈菩薩的〈發願偈〉。「虛空（縱使）有盡，我願無窮」，在《華嚴經．普賢行願品》中也說「以虛空界不可盡故，我此禮敬無有窮盡」。「情與無情，同圓種智」，則是指有情眾生與山河大地等無情之物，同樣都具有圓滿的佛智慧，這在《華嚴經．如來性起品》是以一微塵內含具大千世界經卷，象徵如來智慧無處不有。

《楞嚴經》則從四科七大中，會歸萬法全是如來藏的展現，四科七大各科都代

表現象界的一切法，只是分類與繁略不同，從各種角度切入，契合各類眾生的機緣。茲如下表：

四科七大	組成與特色
五陰（蘊）	色、受、想、行、識：組成身心、乃至宇宙的元素，尤重心理活動。
六入（根）	眼、耳、鼻、舌、身、意等六根：認識官能，多依附於身體。
十二處	六根＋六塵（色、聲、香、味、觸、法）：認識官能及認識對象，多依附物質。
十八界	六根＋六塵＋六識（眼、耳、鼻、舌、身、意）：由根對塵產生認識。（六入、十二處、十八界只是繁略開合不同）
七大	地、火、水、風、空、見（根）、識：組成宇宙的要素，根大是楞嚴獨到之說。（二十五圓通中，七大順序是火、地、水、風、空、識、根）

前文總論七大性具思想，且以地大為例說明，現再談火、水、風、空等四大性具與圓通。

「日光燃火」觀照火大性具

炊煮用火之時，手拿「陽燧」（銅製的凹面鏡），在日光下引燃火苗。這火光是從鏡中而出？還是從艾草而有？或是從太陽而來？當然都不是只憑單方面而有，火苗寄於諸緣，緣生性空，但為何世間會有火的緣起樣態？不應查無實據、無因而有吧？其實，火的本性是存在於「如來藏」（宇宙的唯心本體）中，隨順眾生的業感而顯現出來。

火大圓通的火頭金剛：

久遠劫前，我多貪欲，空王佛說：「多淫人成猛火聚」，教我遍觀四肢百骸的冷暖氣息，我漸漸神光內凝，淫火轉化為智慧火，成就火光三昧。對我而言，諦觀身心煖觸無礙流通，生大寶焰，登無上覺，這是第一的圓通法門！

二十五圓通中，火大居七大之首，如同戒除「淫、殺、盜、妄」四種清淨明誨，都表示出《楞嚴經》注重禪修，戒淫為首。

「月光引水」觀照水大性具

有大幻師，於月光明亮之時，手執「水精珠」，能引出水。這水是從珠中出？空中自有？還是從明月而來？當然都不是只憑單方面而有。其實，水性隨緣流息不定，水性原存在於如來藏本性中，隨順眾生業感而顯現。

水大圓通的月光童子：

恆沙劫前，水天佛教菩薩們觀察身中的涕唾、津液、精血、大小便利，身中的水性都是相同的，遍身水與大海水也都平等無別。我當時水觀初成，以水為身，但尚未得無身。有次在室中安禪，我有弟子從窗戶中看見室內唯有清水，童稚無知取一瓦礫投於水內，我出定後頓覺心痛，後來我教童子，在我水觀之時，將水中瓦礫取出，於是我才康復。其後又逢無量佛，在山海自在通王如來座下，我方得亡身，體會到己身與十方世界的香水海，水性都是真空。對我而言，水性一味流通，這是證得空性、圓滿菩提的第一法門！

「整衣風動」觀照風大性具

整衣之時，感受到微風拂面。這風是出自衣角？或者來自虛空？還是臉上自能生風？當然都不能只憑單方面而有。其實，風性隨緣動靜不常，風性原存在於如來藏本性中，隨順眾生業感而顯現。

風大圓通的琉璃光法王子：

恆沙劫前，無量聲佛開示菩薩：「本覺妙明不動，但這世界及眾生身，都被妄緣風力轉動不停。」當時我觀照世界安立、三世遷動、身體動止與起心動念，一切動轉都是平等無別，來無所從，去無所至，同一虛妄，甚至我觀照到整個大千世界內所有眾生，就如一器皿中有百蚊蚋，啾啾亂鳴，於分寸的空間之中，鼓發狂鬧。不久我身心發光，洞徹無礙，在東方不動佛國成為法王子，同時遍事十方佛。對我而言，觀察風力無依，證悟十方佛佛相傳的菩提妙心，這是第一的圓通法門！

「鑿井出空」觀照空大性具

鑿井求水，出土一尺，於中則有一尺虛空，井中空間淺深是隨出土多少而定。這空間是因土出而有？因鑿所出？無因自生？其實，虛空無形是隨緣對色而顯發，空性原存在於如來藏本性中，隨順眾生業感而顯現。

空大圓通的虛空藏菩薩：

我在定光佛所，得無邊身，當時我手執四大寶珠，照明十方微塵佛剎，化成虛空，我心同於大圓鏡，身如虛空，善入微塵國土，廣作佛事。這大神力是因我諦觀，四大與虛空都無所依，全憑妄想生滅而有，佛國唯心所現。對我而言，觀察虛空無邊，妙力圓明，這是第一的圓通法門！

色、空、身、心的虛妄與真實

經中，火、水、風、空等四大性具的開示，都是從生活中歷事起觀，陽日生火、月夜露水、整衣生風、鑿井得空，細細追究這火、水、風、空的來處，都是緣生性空，無物可執。拜物外道「迷心從物」，「勤心役身，事火崇水」，「求火光明，樂水清淨，愛風周流，觀塵成就，各各崇事，以此群塵，發作本因，立常住解」（卷十），拜日、拜月、拜地、水、火、風、空，誤以為這些物質現象就是恆常偉大的神明，或者是萬物的本體。其實，心性才是具足一切的根源，緣起現象只是眾生心識的感招，世界就如大夢般地幻現，「一處執鏡，一處火生，遍法界執，滿世間起」，若眾生心火感招一處，就有一處起火，處處感招，就遍法界都是火。

圓通行者常從最貼近自己的身心起觀，從欲火焚身到智慧火光，從身中精血便利到香水海，從體察動轉身心、世界的無明風，到領悟風的來去無從，從看破地、水、火、風四大的肉身與形色，到融入虛空般的無邊法身，更從真空而起神變妙用，在在啟示我們，遇境觸物都是修行的下手處，色空與身心的虛妄之中就藏有真實，這就是「如來藏」，眾生煩惱身心中的內在佛。

心淨則佛土淨

——《楞嚴經》唯識與念佛法門

《楞嚴經》中開示，宇宙由地、水、火、風、空、根、識等七大元素組成，要我們從生活中隨事觀照思惟：七大隨緣而起，其本性是在如來藏中原自具足——「七大性真圓融，皆如來藏，本無生滅」。七大法門中都各有專修的圓通聖者，分享自己的證道歷程，示範一門深入的實修之路。現介紹識大與根大：

從「眼觀大眾」觀照「識大性具」

眼觀大眾，最初只如明鏡中顯現影像，不生分別，但我們的心識立刻就會分辨：「這是誰，那是誰。」至於這念「分別心」：

（一）從來源分析

這分別心，是產生於視覺本身？或產生於外相？或者生於虛空？還是無因而有？從眼、耳、鼻、舌、身、意等六種認識官能（六根），面對色、聲、香、味、觸、法等六種塵境（六塵），忽然產生心識的分別作用（六識），但「識」與「根、塵」不同，找也找不到「識」的確實來處在於哪裡。

（二）從體性分析

六識是同是異？是空是有？若說六識相異卻又能形成總體運作，若說六識是有卻又當體虛妄，無所從來。哪能一定說六識是同異、空有，或是因緣、自然？

（三）窮究本末

心識的本性其實就是如來藏遍周法界的覺知，循業發現而成為識心的各種作用（如水起波）。

《楞嚴經》中的「識大」之說，正相應於天台宗的「三諦圓融」與「一心三觀」的教觀。天台宗的修行強調在「一念心」上作「空、假、中」三觀，觀照當下的起心動念，誠如經中「若此識心（假），本無所從（空）；性真圓融，皆如來藏（中）」，起心動念因根塵相對而有，是假觀，來無所從是空觀，如來藏「性具」是中觀，性真圓融則是具足空、假、中的圓觀。

識大圓通的彌勒菩薩：

微塵劫前，我跟隨日月燈明佛出家，但我仍然心重世名，喜好交遊貴族大姓。於是，世尊教我修習「唯心識定」，之後我求名之心，歇滅無有。直到燃燈佛時，我才成就無上妙圓識心三昧，證悟一切淨穢有無，皆是心識變化所現。對我而言，諦觀十方唯識，識心圓明證入「圓成實」的法性，遠離於在「依他起」上起「遍計執」，這是第一的圓通法門！

彌勒菩薩觀照自己求名的心念，以及外境的染淨有無，一切唯識變現，空幻無實。唯識學上注重「轉識成智」而談「三性」，「依他起」就是「緣起」（假有），執著緣起現象為真實就是「遍計執」（本空），不執就能證悟「圓成實」的法性（中道）。

《楞嚴經》的識大之說，實際貫通了天台三觀與唯識三性的性相修證精髓，明末的蕅益智旭大師正是以《楞嚴經》為中心，貫通天台與唯識的禪淨行者。

從「見明見暗」觀照「根大性具」

《楞嚴經》中，從大眾看見園林的朝明夕昏，探討「根大」的來源與體性，論證方法與「識大」大同小異，重點在於見明見暗的「見」，是藉由攀緣明暗而存在，在緣起現象中找不到其來源與真實的體性。其實，「見聞覺知」等六根的認識作用，原是如來藏遍周法界的明覺，循業分化成為多種差異功能。

經中二十五種圓通法門，本是依據六塵、六根、六識、七大的順序排列，但經文刻意將根大的念佛法門居於第二十四位，而第二十五圓通則是經中倡導的觀音菩薩的耳根反聞法門，這透露出，若依於自力修持耳根法門卻未能契入圓通境界，則應依於他力性強的念佛而了生脫死，這是經中對於自力他力、禪淨理事面面俱到的圓融觀。

念佛圓通的大勢至菩薩法王子率領五十二位同伴說：

恆河沙劫之前，超日月光佛教我「念佛三昧」。譬如有兩人，此人專心憶念於彼，彼人卻都忘記此人，這兩人逢若不逢，見如非見；但若這兩人互相憶念深切，則從今生至於他生，都將同於形影不相離異。十方如來憐念眾生，就如同母親憶念子女，但若子女逃逝，憶念又有何用？子女若能憶念母親，如同母親憶子，母子歷生才能不相違遠。若眾生心能夠憶佛念佛，現前或當來必定見佛，離佛不遠，也不必再用其它方法，自然得以心開悟道，如同染香之人，身有香氣，這就稱為「香光莊嚴」。我自己就是以念佛心證入實相，現在於此世界攝收念佛人歸於西方淨土。對我而言，以憶佛念佛攝收六根，淨念相繼，成就念佛三昧，這是第一的圓通法門！

大勢至法王子與五十二位菩薩正是代表所有的菩薩都應憶佛念佛，因為菩薩行共計有十信、十住、十行、十迴向、十地、等覺、妙覺等五十二個階位，誠如《華嚴經》中妙覺位的普賢菩薩，也教導大眾「禮敬諸佛」、「常隨佛學」，學佛當然要憶佛念佛。

佛經中，《無量壽經》、《觀無量壽經》、《阿彌陀經》三經專論西方淨土，被淨宗稱為「淨土三經」。清末魏源（一七九四—一八五七）補入「導歸極樂」的《華嚴經．普賢行願品》為淨土第四經。民初淨土宗祖師印光大師（一八六二—一九四〇），在淨土宗的四經之外，增列《楞嚴經．念佛圓通章》為淨土第五經。印祖認為：

諸大乘經帶說淨土者，多難勝數。而《楞嚴經．大勢至念佛圓通章》，實為念佛最妙開示，眾生果能都攝六根，淨念相繼以念，豈有不現前當來，必定見佛，近證圓通，遠成佛道乎哉！

《楞嚴經》中，短短的〈念佛章〉，竟能超越多難勝數的淨土教說，而為「念佛最妙開示」，足見〈念佛章〉殊勝異常。非常巧合地，聖嚴法師也指出，《阿彌陀經要解》是蕅益大師的淨土名著，但其最重要的淨土思想仍在《楞嚴經．念佛圓通章》。

印祖又結合經中「勢至念佛」與「觀音反聞」的方法：

《楞嚴》大勢至云：「都攝六根，淨念相繼，得三摩地，斯為第一。」文殊選圓通偈謂：「反聞聞自性，性成無上道。」今例之曰：「反念念自性，性成無上道。」

觀音反聞的聞自性與勢至淨念相繼的念阿彌陀佛，原為禪、淨入路不同的法門，反聞是運用不生滅的覺性起修，而淨念相繼的念頭卻是生滅無常的，誠如文殊所說「念性元生滅」，但若能在念佛的同時反念反聞自性，這就是融貫禪淨與西方三聖（彌陀、觀音、勢至）的妙法，例如佛號從心而起（起念時亦反念自性），從口而出，從耳而入（聽聞時亦反聞自性），同時攝收六根，禪淨雙修。

念佛圓通將六根綁在念佛上，不攀緣外境，念念從覺性起，淨化念頭，除藉自力一心不亂之外，更有佛力加持，現世業障消除、福慧增長，命終又得往生西方樂土，確實是圓頓簡易、事理周到的殊勝法門。

天堂來的法音

——《楞嚴經》七大圓通的啟示

《在天堂遇見的五個人》（*The Five People You Meet in Heaven*，以下稱《天堂》）是美國作家米奇·艾爾邦（Mitch Albom）於二〇〇三年出版的小說，隔年改編成電影。《天堂》這部電影描寫主角艾迪（Eddie）死後，在天堂中遇見五位「善知識」，教導艾迪走出生命困境，走向光明。

這部電影與「瀕死經驗」異曲同工，瀕死者常會在一片大光明中回顧個人的生命歷程，並於當下了解自己人生經歷的意義。我們可從《楞嚴經》的「七大圓通」來看《天堂》的劇情，更加落實佛法生活化的智慧。之後，再略以日本著名動漫家宮崎駿的《風起》（風立ちぬ）與《風之谷》（風の谷のナウシカ）來談「風大」與「空大」。

戰場就是淨土

戰場的大地上，一棵大樹拔地而起，四周枝幹衍生的氣根扎入土地之中，吸取戰地亡者血肉為養分，枝葉繁茂，果實累累。

艾迪厭惡戰場，因戰爭而受傷瘸腿，失去自信，終生被困在小鎮中，夜半常做惡夢。戰場宛如人間煉獄，艾迪一心只想遺忘戰場。無奈艾迪死後，靈魂竟重回戰場，重新回顧當年的慘烈戰事。艾迪在大樹下遇見當時的隊長，才知道原來隊長死在戰爭中，隊長告訴艾迪：「你我都做了犧牲，問題是你的心態不正確，你心懷怨恨，對自己失去的東西太執著。你沒想通，犧牲不是可恥的事，而是值得自豪，犧牲是最崇高的行為！」艾迪驚訝地問：「但你失去了一切！」隊長解釋：「這就是犧牲的真諦，你並沒有失去，只是交給了別人。」

艾迪終於領悟，犧牲是美德、是奉獻，不再計較外表的美醜。這時艾迪又問：「為何你的天堂是在戰場？」隊長說：「這是你看到的，我看到的是這樣……。」此刻焦土屍橫的戰場，瞬間變成花香鳥語的美麗叢林，啟示著吸收穢土的養分就能創造天堂淨土。

地大圓通的持地菩薩，一直以造橋鋪路、平順土地為修行方法，後來佛告訴他：「當平心地，則世界地，一切皆平。」艾迪的心極度不平，充滿憎恨、逃避戰地的情緒；反觀隊長卻一直在戰場上撫慰兵士，收拾亡者遺體，了知穢土正是創造淨土的修行場所，隊長正是能平心地，染淨不二，所以穢土當下就是淨土。

殺人放火的救贖

戰場到處是火光，艾迪曾一度成為戰俘，飽受欺凌，終日惶恐，一天終於趁機反擊，殺死敵人，在滿腔怒火不可遏抑之下，放火燒掉全區營舍。

艾迪的父親，性情火爆，打罵小孩是家常便飯。艾迪從小壓抑自己，順從父親，有次終於忍不住父親的打罵，將父親壓制在牆邊，證明自己已經比父親還要強大，但父子之後再也未曾交談。父親死後，艾迪頂替父親維修工的職務，並負起照顧母親之責，無法離開小鎮，艾迪心中一直隱隱怨恨父親。

艾迪在天堂中，走到一片冰天雪地中的餐廳旁，透過窗戶看見父親坐在裡面，艾迪猛敲窗戶叫喊父親，心中同時燃起憤怒之火。父親沒有反應，這時女老闆出現，讓艾迪發現原來他並不了解自己的父親，長期誤解並憎恨父親，女老闆問他：「你還記得剛到這裡時的感受嗎？」艾迪說：「我沒有痛苦，也沒有煩惱。」女老闆接著說：「也沒有恨！那是因為沒有人的憤怒是與生俱來的。」艾迪終於領悟，事情並不是像他原先所想的那樣，他決定進去餐廳與父親和解，艾迪握著父親的手說：「我原諒你了，一切都和好了。」

《楞嚴經》開示，火性本存在於宇宙之中，日光透過銅鏡便能引生出火，「一處執鏡，一處火生；遍法界執，滿世間起」。世上處處有火，火大圓通的火頭金剛便是將「淫欲火」轉化成為「智慧火」。憤怒也是火大的表現，艾迪後來了解怒火並不真實，用智慧燒掉憤怒，才能安下心來洞察憤怒的荒謬，原來在憤恨不平之下，一切都想錯了，現在想通了，一切都修好了。

從水中重生

艾迪在天堂與愛妻久別重逢，驚喜無比，但轉瞬之間愛妻消失得無影無蹤。艾迪正在痛哭吶喊之時，突然看到山谷間流水清澈，一群孩童佇立水中嬉戲，天真純潔，無憂無慮。

在戰場上，艾迪曾經殺人放火，不慎燒傷了一名小女孩，終生惡夢縈繞。現在，艾迪在溪邊遇見了這位渾身燒傷的小女孩，他非常痛心自己對小女孩身心造成的巨大傷害。女孩要艾迪用水清洗她，就在清洗的當下，女孩的傷疤都消失了，艾迪終於放下長久以來良心對自己的一再譴責。

這時，女孩問艾迪：「你為什麼這麼哀傷？」「在人間，我浪費了自己的生命，我一直感覺被身邊的事困住了，我沒有去我該去的地方。」女孩說：「你讓小孩安全，你每一天都在彌補對我的虧欠，遊樂場就是您該去的地方啊！」艾迪想起自己死的那天，遊樂器垮下來，自己為了救一位小孩，「自我犧牲」了。艾迪問小女孩：「我救到他了嗎？我有沒有把他拉開？」小女孩說：「不是拉，是推，您把他推開了，您拉住的是我的手，是我把您帶來天堂。」艾迪燒死小女孩，小女孩卻拉艾迪上天堂，艾迪終於打開心結，領悟到自己擔任遊樂園維修工，以及彼此犧牲互助的真義。

小女孩牽著艾迪的手，潛入溪水，通向大海，游向遊樂園。在海水中時光倒流，艾迪從老頭子變回青年，從青年返回童年，洗滌掉艾迪成長過程中所有的不滿與心結，無我、無身，老艾迪從海中出來，重返遊樂園，遊樂園不再是艾迪的詛咒之處，反倒成為艾迪的天堂。

水大圓通的月光童子，觀想自己就是水，原先還執著自身變成的水身，又再觀自身之水與十方大海水都是同一體性，水性清淨，流通無礙，當下徹底融入水性之中，打破對自我身心的執著，豁見純真的本心。

老艾迪藉由溪水洗滌罪孽，同時消融對於身相的罣礙，老人與小女孩具得清淨，循順溪水融入大海，淨化身心，返老還童，不正同於月光童子以水為身，又能無我忘身嗎？

誠如《水滸傳》中，花和尚魯智深的圓寂偈頌：

平生不修善果，只愛殺人放火，
忽地頓開金繩，這裡扯斷玉鎖，
錢塘江上潮信來，今日方知我是我。

他和艾迪同樣是從水深火熱中，放下屠刀，立地成佛。

從憶念愛人到慈悲喜捨

《天堂》中的主角艾迪，中年喪偶，後半生鬱鬱寡歡，念念不忘愛妻身影。死後終於在天堂遇見愛妻瑪格莉特（Margaret），瑪格莉特所在的天堂是收集世界各地的婚禮，歡喜祝福每一對新人。瑪格莉特問：「我們之間有什麼讓你遺憾的事嗎？」艾迪說：「有，我希望我們能更長久些，我失去了我唯一愛過的女子。」瑪格莉特說：「你沒有，我一直都在這裡，你也一直愛著我，失去的愛只是轉換成不同形式的愛，如此而已。你擁有回憶，伴隨著回憶起舞，生命有時盡，但愛無窮盡。」

《楞嚴經》根大圓通的大勢至菩薩說，慈母與孝子深深互相憶念，兩人生生世世將永不分離，以此來喻況佛與念佛人之間的緊密連結，從攝收六根的全心憶佛，就能成就佛的慈悲喜捨與無量功德。其實，世間戀人的朝思暮想也是如此，不過從「愛戀」中要學習「愛的真諦」，珍惜彼此，互相扶持，從「自我愛」學習「愛他人」，「真愛」永不失去，進而更從有相的愛，拓展到無相、無限的大愛。

阿難與摩登伽女有五百世的夫妻情緣，後來在佛陀座下一同出家證果，佛陀開示說：「阿難與摩登伽女宿世常相敬重，也常相貪愛，而今同時學佛有成，夫妻相見如同兄弟姊妹，這正是學習佛法的功效！」

艾迪在天堂遇見的第一個人是「藍人」，藍人為了閃避在馬路上玩球的幼小艾迪而意外身亡，艾迪對藍人說：「不公平，是我傻呼呼地在大街上亂跑，該死的人是我，不是你！」藍人卻說：「我在世時也有人因我而死，世上沒有隨機的偶發事件，每件事都環環相扣，最後會有好事因此而發生。」艾迪不解地問：「好事？這算什麼好事？你死了耶！」藍人篤定地說：「是啊！但你活下來了！」艾迪更加迷惑：「但我幾乎都不認識你，我們算是陌生人。」藍人指出：「陌生人，只是你還沒認識的家人！」眾生都是家人，正彰顯了慈悲喜捨的大愛。

心識變現天堂與地獄

識大圓通的彌勒菩薩說：「國土的淨穢有無，皆是我心變化所現。」所以可說，每個人都有自己的天堂，那就是自己的嚮往之處。在《天堂》片中，艾迪妻子的天堂是浪漫的婚禮，老闆娘的天堂是溫馨的小餐館，小女孩的天堂是幽靜的山谷林泉。

艾迪一生被困在小鎮，擔任遊樂園的維修工，對於自己的現況充滿怨恨，理想總在遠方，無法實現。最終，艾迪在生命回顧之下，了解自己存在於遊樂園的正面意義，讓孩子們有安全可靠的遊樂環境，這正是自己的使命，頓時遊樂園就成為了艾迪的天堂。正如艾迪問隊長：「你的天堂為何是戰場？」隊長說：「你看到的跟我看到的並不一樣。」天堂與地獄就在一念之間，唯識所變。

唯識學上講認知的過程有五項要素：「觸、作意↓受↓想↓思」，接觸對象，要有注意力，否則會「視而不見」；之後，產生感受；繼之而有概念想法；最後有思擇決定。現代腦神經科學也證明，心識接觸到外在事物，無法將所有的細節全部吸收，因此必須有所選擇化約，認知有兩段分工模式，前段是從感受形成預設立場，主導選擇聚焦和過濾目標，之後才是將已經篩選過的訊息，進行理性思惟。人的思想與主觀感受密切關聯，主觀感受直接影響到接收的現象內容，所以我們必須靜下心來才能看清客觀真相，進而善用自己美善的感知力，實現創造自心的理想境界。

風行虛空

「風」是「動」的力量，「風」可以是無明眾生的「妄想風」，也可以是佛菩薩的「大願風」，風大圓通的琉璃光法王子觀察眾生的無明業力：世間一切動轉，來無所從，去無所至，同一虛妄，世界所有眾生，就如器皿中的蚊蚋，啾啾亂鳴，於分寸的空間之中，鼓發狂鬧。

電影《風起》改編自宮崎駿本人的《風起妄想重返》（風立ちぬ妄想カムバック）的連載漫畫，描寫第二次世界大戰時，主角二郎熱衷於人類的飛行夢，「唯一想做的事情就是打造一架美麗的飛機」，二郎從事於飛機設計，他對風與飛翔有敏銳的感受，一看設計圖或實驗機，就知道這架飛機是否能夠騰雲駕霧、飛翔藍天。可悲的是，二郎處於日本發動侵略戰爭時期，他設計的是做為殺人武器的戰鬥機！那些操縱殺人機的駕駛員，「去者無復返，飛機是受到詛咒的美夢，全被天空吞噬得無影無蹤」。二郎內心痛苦煎熬，但在「起風了，唯有努力生存」的信念之下，二郎仍頑強地全心投入設計性能更強的戰鬥機，殘酷地實現自我美麗的夢想！夢想與現實、殺人與自殺、「起風」與「起瘋」，正是眾生業風鼓鬧亂鳴的悲悽寫照。

空大圓通的虛空藏菩薩，觀察地、水、火、風四大與虛空都無所依，全憑妄想生滅而有。菩薩從虛空起妙用，以寶珠照亮虛空，從空而來，從空而去，廣做佛事。雖然四大歸空，一切物質都將被天空吞噬，但虛空仍會顯現光明或陰鬱，全憑眾生業力與佛菩薩的願力感招。在宮崎駿的《風之谷》中，公主善於御風而行，常以滑翔翼翱遊天際，順風而來，望風而去，處處關懷眾生、保護環境，犧牲自我在所不惜；片中的人群卻利用飛行器的便利進行侵略戰爭、破壞生態環境，鮮明對照出菩薩願行與眾生惑業的差異！

海宴所編的電視劇《瑯琊榜》，描寫宮廷鬥爭中的巨大冤案與血海深仇，最終章〈風起〉：王妃看到風吹幡動，說道：「起風了！」老太監說：「不，不是起風了，而是在這宮牆之內，風從來就沒停過。」

誠如《六祖壇經》中直指人心：「風吹幡動，究竟是風動、幡動，還是仁者自己心動？」

不歷僧祇獲法身

——《楞嚴經》阿難開悟

《楞嚴經》中，阿難遭遇生命困境，佛陀與阿難的對話充滿問題意識，經由一連串的問題進行對談。佛陀在引導問題上緊扣覺性，唯有啟發阿難的覺性，才能讓阿難不再依賴佛陀，而能自立自強，自悟自度。

若從哲學追求真理的觀點來看，阿難悟入法身的過程，經歷了非常完整的哲學探索：

倫理學 ↓ 認識論 ↓ 心性論 ↓ 宇宙論 ↓ 實踐哲學

「七處徵心」破妄心，「十番顯見」顯真心

《楞嚴經》一開始，阿難在托鉢乞食的途中遭遇摩登伽女之難，這是阿難在「倫理規範」上的戒律行持出了問題，然而佛不從戒律行為上去指點他，卻追問阿難是如何認識佛法的：「當初發心，於我法中，見何勝相，頓捨世間深重恩愛？」這表示出，行為之所以出錯，常是觀念上就有問題，所以必須由「倫理行為」進而探討至「如何認識」的課題。

由「如何認識」的探討，必須再追究至做為認識根源的「心性本體」。《楞嚴經》在「七處徵心」之時，力破攀緣心（也稱妄心、識心），攀緣心是必須藉由「作意」才能產生認知的心，「七處徵心」之時，還未暇仔細指示真心，其後展開「十番顯見」，極力指陳真心，但阿難總是慣用識心思辨佛的指示，不能當下體會悟入，「多聞第一」的阿難，識心強大異常，自是分外難以割捨。

二〇一四年電影《我想念我自己》（*Still Alice*），描寫一位優異的大學女教授愛麗絲（Alice），竟患上早發性失智症，逐漸忘記一切。在她病情初發之際，被

邀請現身說法，在演講上，愛麗絲說：「我畢生都在累積記憶，成為我最重要的資產。這一生中累積的一切，認真工作的心血結晶，如今都要被剝奪了，這無疑是人間地獄。我要求自己活在當下！」通曉「失去的藝術」，正是人生必須修練的功課。

佛陀再三考問「見與心」，阿難數度聲淚俱下

多聞第一的阿難，原先自信滿滿，平等乞食，無問淨穢，不避淫室，卻遭女難被困，文殊菩薩救歸之後，阿難悲泣，悔恨多聞卻乏道力，在自信心打折之下，不求深妙大法，只向如來啟請成佛之道的最初下手之處。

阿難原是基於愛樂如來法相莊嚴才發心出家，佛以此追問阿難：「當初你是用什麼看見佛身相好？又用什麼來愛樂佛身？」阿難回答：「我用眼睛看見，用心愛樂！」佛又問阿難：「眼與心在哪裡？」於是展開「七處徵心」的詰問，阿難的回答，都被佛訶斥：「無有是處！」阿難原本以為自己只是行門欠佳，想不到在知解

上也一再被否定，這令阿難更加謙卑，盡除知識的傲慢，再度請法：「開示我等奢摩他路，令諸闡提、隳彌戾車。」阿難將自己與斷善根、惡知見者並列，請求開示！

如來舉臂握拳，再度考問阿難：「你的眼睛看見我的拳頭，此時什麼是你的心？」這可說是讓阿難「補考」，但阿難還是將攀緣心當成自心，佛陀喝斥一聲：「咄！」阿難驚怖疑惑，找不到心究竟在哪裡？阿難再度悲淚，深深體會到多聞卻不修行，實與不聞相似，說食不飽，更自比窮子，祈求明心之法。

佛又再次亮出拳頭追問阿難：「這拳如何形成？你用什麼看見？」阿難仍不悟真心，經中於是展開「十番顯見」。十番顯見中，阿難屢屢被佛肯定，但在「顯見不失」中，佛責備阿難：「不知色身及山河、虛空、大地都是唯心顯現，譬如捨棄百千澄清大海，卻將一小水泡當作全部大海，真可憐憫啊！」阿難深感佛說重話，用心良苦，不禁又垂泣起來。

在「十番顯見」之後，阿難還是不太明瞭真心，「心猶未開，而今更聞，見見非見，重增迷悶」，阿難有些愈聽愈迷糊，情難自禁，忽又悲淚，希望佛能更加詳細說明。阿難求知之心甚切，倘若不能讓阿難在聞知上充分了解妄心與真心的差異，斷難在情感上放下妄心。

靜心遍觀萬法虛實

之前，佛多用對談式、啟發性的方法，對談中阿難的心鑽天入地、七上八下，已讓阿難體悟到自己的無知與追求真知的切要，此時佛陀告訴阿難：「汝雖強記，但益多聞，於奢摩他微密觀照，心猶未了。」現在佛要開始敘說如來藏緣起的理路，讓阿難在聞知上充分了解妄心與真心的差異，才能以智導情，在情感上確實放下妄心，靜下心來，聆聽並隨順佛的引導觀照真心。

之後，佛陀反反覆覆從五陰、六入、十二處、十八界、七大等各種現象中指示真心本體，阿難一路幾乎默然無言，靜心聆聽，熟悉正思惟與正念觀照，一再參究真心，工夫純熟，水到渠成，終於打破黑漆筒底，豁然開悟。

開悟的境界

開悟真心的境界究竟如何？經中很鮮活地表示出了悟境的狀況：

爾時，阿難及諸大眾蒙佛如來微妙開示，身心蕩然，得無罣礙。是諸大眾，各各自知心遍十方，見十方空如觀掌中所持葉物，一切世間諸所有物皆即菩提妙明元心，心精遍圓含裹十方；反觀父母所生之身，猶彼十方虛空之中吹一微塵，若存若亡，如湛巨海流一浮漚，起滅無從。了然自知，獲本妙心，常住不滅。

了然自知常住真心圓滿周遍十方，見十方虛空，就如觀手中所持葉片。反觀自己的肉身，只像虛空中吹起的一微塵，若存若亡，也如湛深的巨海上漂流的一小浮漚，起滅無從。

阿難開悟，當下體驗到真心，以往的聞知，現在成為真知；以往的猶豫狐疑，現在了然自知，真心就如廣大無邊的虛空、大海，小我只如微不足道的微塵、泡沫，於是禮佛合掌，說偈讚佛：

妙湛總持不動尊，首楞嚴王世希有。
銷我億劫顛倒想，不歷僧祇獲法身。
願今得果成寶王，還度如是恒沙眾。
將此深心奉塵剎，是則名為報佛恩。
伏請世尊為證明，五濁惡世誓先入。
如一眾生未成佛，終不於此取泥洹。
大雄大力大慈悲，希更審除微細惑。
令我早登無上覺，於十方界坐道場。
舜若多性可銷亡，爍迦羅心無動轉。

這是漢傳佛教早課在持〈楞嚴咒〉之前，都會加誦的著名偈讚。阿難深心讚佛總持一切教法，如如不動，又歎楞嚴大法殊勝無比，已令自己開悟真心，不歷久劫頓獲法身，同時阿難也興發出上求佛果、下化眾生的菩提心，並希望繼續在佛的教誨下，去除更微細的迷惑，更立下誓言：「虛空可以粉碎銷亡，堅固的道心永無動轉！」從此積極從聞、思、修，展開反聞自性的修行實踐。

禪悟修證的歷程

——《楞嚴經》頓悟漸修

《楞嚴經》是部指導實修的經典，讀《楞嚴經》必須了解「悟、修、頓、漸」之理，才能掌握經義，底下運用唐代宗密大師《禪源諸詮集都序》與天台宗的「六即佛」之說，以解釋之。

心識的流轉與還滅

現代心理學常將心識分為意識與潛意識，潛意識是自己也看不透的內心深處。就《楞嚴經》的心性思想來說，潛意識與意識原為一體，如海起浪，意識是浪的上層，愈往下是愈深沉的潛意識。意識受到潛意識的層層制約（法執、我執），慣於向外看、向表面看（攀緣），猶如原本清明的水平面起動波浪，執著愈強，風浪愈大，覺知就愈偏狹混亂，看不清世界的真相，也看不透自己的潛意識，不明白自心是如何運作的。

如做夢時，「夢中的我」是「潛意識」產生的「小我」，夢中的我、別人與山河大地，都是自己變現的；但在夢中，認為我與別人、一切景物各自獨立，不知是夢，不知存在事物本來唯心所現、一體圓融。這是自我因執著對象而來的「自我遺忘」與「精神分裂」，猶如演員太過投入角色，竟忘了原來的自己。又好比我們看影片，隨著劇情喜、怒、哀、樂，不能釋懷，彷彿真有那麼一回事，假戲真做了！人從小到大，遺忘多少純真，在社會洪流裡，將自己分裂到名利與人際的網絡中，扮演角色，真我在哪裡？

心識的基礎就像是整體的大海水，也就是我們本來清淨的真心、佛性，如果人能不起妄念，風平浪靜，則水本來清明，海面自能清晰映照天光雲影，這就如同顯現出了我們的本有智慧，成就「海印三昧」的佛境界。

悟修頓漸的排列組合

禪門中關於悟修的頓、漸、解、證，有多種說法，其實只是角度不同，並無矛盾。宗密將悟分為解悟與證悟：解悟是先悟而修，若未悟而修並非真修；證悟是先修而悟。據此，有人說「解悟」只是概念理解，「證悟」才是如實照見真理；但也有人說「解悟」就已照見真理，「證悟」則須兼有功行圓滿之效，至少在斷見惑以上。這是對名詞定義的理解不同。

宗密又舉出關於悟修頓漸的講法有：

1. **漸修頓悟**

猶如伐木漸砍，一時頓倒。亦如遠詣都城，步步漸行，一日頓到。

2. **頓修漸悟**

如人學射箭，頓者，箭箭意在中的；漸者，日久方始漸熟漸中。

3. **漸修漸悟**

如登九層之台，足履漸高，所見漸遠。

以上三種都是證悟。

4. 頓悟漸修

如日頓出，霜露漸消。如孩子出生，即頓具四肢六根，長即漸成志氣功業。亦如猛風頓息，波浪漸停。這是解悟。

5. 頓悟頓修

斷障如斬一束絲，萬條頓斷；修德如染一束絲，萬條頓色。這是對上上根機而說，此處頓悟可以是解悟，或是證悟。

《楞嚴經》卷十提出：「理則頓悟，乘悟併銷；事非頓除，因次第盡。」是「頓悟漸修」，這頓悟主要是指如實知見真理，也就是禪宗所說的開悟，如阿難雖然頓悟真心本來圓滿，以及五陰皆空，但仍須逐漸次第除盡各種障礙，「頓悟漸修」是既高妙又平穩的主張，不卑不亢，悟後起修才是真修，宗密也相當讚賞此說。

在卷三，如阿難頓悟後說「不歷僧祇獲法身」、「願今得果成寶王」、「希更審除微細惑」，正表現出頓悟之後，深切感受到自己「妙湛總持不動」的真心佛性，不再自卑，更發出誓願成佛的勇猛心；但也不自傲，亦知仍有微細惑業，還須漸修，所以更向佛陀求請修證方法。

開發佛性的歷程

天台宗提出開發自心佛性歷程的「六即佛」，這成佛的六個階段也都可稱作「佛」，現配合《楞嚴》等經及祖師大德的開示，略作解釋：

（一）理即佛

眾生煩惱身心中都有內在佛（如來藏、理體），眾生都是未來佛。如《華嚴經》說「一切眾生皆有如來智慧德相」；《法華經》中常不輕菩薩禮拜一切眾生；《楞嚴經》說「常住真心」、「本心」、「佛性」、「如來藏」。

（二）名字即佛

從概念上理解佛學名相，到開悟真實義，都是「名字即佛」的階段。圓悟真理在天台宗稱為「大開圓解」，禪宗稱為「大徹大悟」、「見性成佛」之類。如《楞嚴經》阿難開悟，了然自知常住真心周遍圓滿，萬法唯心。

（三）觀行即佛

真實的「觀行即佛」是悟後起修，保任悟境，修行六度。開悟後能任運保持悟境，念念相應，塵塵入道，如六祖惠能這種上上利根可以做到，一般頓悟之後，貪、瞋、癡等無明習氣，仍會一再現前，難以保任悟境，必須重起爐灶，另闢修行方法，如藉受持讀誦經典來安住身心、貼近悟境，阿難頓悟後，則是依仗耳根圓通以漸修漸進。

（四）相似即佛

天台宗提出圓教菩薩階位共分十信、十住、十行、十迴向、十地、等覺、妙覺等五十二階位，在《瓔珞經》、《仁王經》、《華嚴經》、《梵網經》、《楞嚴經》中都有相關經文。「相似即佛」是十信位，開始斷除煩惱執著、解脫輪迴，甚至可現佛身說法。密教的「即身成佛」，如臨終成就「虹光身」的殊勝瑞相，至少也在了脫生死以上。

（五）分證即佛

開始證悟真心，真心任運起用，不必刻意保任，無功用道。成為法身大士，入佛境界，圓融無礙。從圓教菩薩階位的初住到等覺，共四十一位階，無明漸銷，智慧益明。如《楞嚴經》二十五圓通大士都證悟佛境界，也可說都是「即生成佛」。

（六）究竟即佛

分證如初一到十四，月亮分分圓，十五滿月才完全圓滿，達到功德究竟的第四十二階妙覺佛位。《華嚴經》善財童子五十三參是從十信「一生成就」妙覺，只是外表仍現菩薩身，其實內心已證妙覺佛境。《法華經》中八歲的龍女，轉身之間就示現成佛。《楞嚴經》同樣也是圓頓大法，次第漸修並不礙速疾成佛：

如幻三摩提，彈指超無學，此阿毘達磨，十方薄伽梵，一路涅槃門。（卷五）

（心）如淨琉璃，內含寶月，如是乃超十信、十住、十行、十迴向、四加行心、菩薩所行金剛十地、等覺圓明，入於如來妙莊嚴海，圓滿菩提，歸無所得。（卷十）

顯密大法都一致主張，一生可圓曠劫之果，圓滿菩提只是將本來具足的圓滿佛性完全開顯。

反聞自性

——《楞嚴經》觀音菩薩耳根圓通

《楞嚴經》提倡「根（覺）性」法門，在解門中「十番顯見」，從「視覺」上指示覺性不動、不滅、不失、無還、不雜、無礙、不分、超情、離見等特性，這是因為視覺與色塵的呈顯最為豁顯，最好指陳。在行門中，《楞嚴經》則主張從「聽覺（耳根）」上修行，因為耳根的功德最為圓滿易修。

娑婆眾生，耳根最利

《法華經》中談到六根功德的多寡，但並未解釋原由，而這在《楞嚴經》中則有明確的交代。以「六根功德」相較，人們覺知範圍計有四方三世，若以一千二百代表圓滿數：眼能見前及旁，不能見後；鼻能嗅出、入息，中間暫停；身能觸覺違、順，未觸不知；因此，眼、鼻、身各都只有八百功德。耳能周聽圓通，「十方俱擊鼓，十處一時聞」，舌能宣揚無窮盡的真理，意能默容十方三世，皆能滿足一千二百功德。六根功德總數恰好六千。

再者，眼見、耳聞、意知，不須物體接近，能夠遠距（離）覺知，覺知範圍大，但意識雜亂難定，眼、耳則淺顯易入，不過耳能「隔垣聽音響，遐邇俱可聞」，眼卻隔牆不見。所以，唯有耳根「離中覺知」、「淺顯易入」、「功德圓通」，善用耳根修行，能收「日劫相倍」之效。

《楞嚴經》更有生動的例證，指示聽覺常住的狀態：「擊鐘驗常」，鐘聲響起時，聽到鐘聲；而無鐘聲時，聽到無鐘聲。鐘聲或有或無，但聽覺始終都在。「引夢驗常」，睡夢中也能聽到外面的聲音，如將舂米聲夢成鐘鼓聲，但確實是有聽到聲音，可見聽覺無時不在。

佛門常說，娑婆世界的眾生，耳根最利，文殊菩薩也指出，「此方真教體，清淨在音聞，欲取三摩提，實以聞中入」！

耳根圓通修證次第

耳根圓通的修證次第表解

耳根圓通修證次第	解六結	破五陰	超八識	證三空
初於聞中，入流亡所	動塵	色陰		人空
所入既寂，動靜二相，了然不生	靜塵			
如是漸增，聞所聞盡	根結	受陰	前五識	
盡聞不住，覺所覺空	覺結	想陰	第六識	
空覺極圓，空所空滅	空結	行陰	第七識	法空
生滅既滅，寂滅現前	滅結	識陰	第八識	空空

備註：六結、五陰、八識、三空的解說與配比，或不配釋，古今諸家並無定準，這些配比是楞嚴學的特有之說。三空之說來自二十五圓通之前「華巾六結」，五陰境界見本經卷十，配八識則是諸家的詮解。

修證次第略釋

（一）初於聞中，入流亡所

首先將注意力安住在聽覺（聞）上，不攀緣外在境界與聲音，唯反觀、反聽、參究聽覺本身（入流），久之漸能不受紛擾的外境（動塵）影響（亡所）。

（二）所入既寂，動靜二相，了然不生

各種聲音（動塵）雖然都聽得見，但不將注意力攀緣聲音，不受聲音影響，內心寂靜，持續安住反聞聽覺，超越聲音的有聲動態與無聲寂靜，聽而不聽，不聽而聽。聽覺能夠超越聲音的干擾，其實是整體知覺不攀緣、不執著外境的存在，因為萬法唯心造，當心不再貪戀，最堅固的執著所形成的物質障礙，首先開始消融鬆動，漸漸物質不再能阻礙心性本有的光明顯現，世界光如琉璃（破色陰）。

（三）如是漸增，聞所聞盡

持續安住反聞覺性，覺性本身超越能聞與所聞，眼見、耳聞、鼻嗅、舌嚐、身觸的知覺，其實都是整體覺性因為執取色、聲、香、味、觸而造成的分化，猶如在各處都設下攝錄機時時準備監控，也像水波結凍成為冰柱，分化不融通，而安住反觀覺性，近能超越對根身（根結）的執取，究竟則能獲致六根圓通。

當物質世界顯現大光明之後，色身的陰覆也開始鬆動，心不再執著根身，不貪戀根身的觸受，神識便能不困在色身之內，而能自由進出身體（破受陰）。

（四）盡聞不住，覺所覺空

超越物質、色身的陰覆之後，持續反覺這覺性本身，更會超越精神性的「能覺」（第六識）攀緣「所覺」引發的紛擾動念，心如明鏡（破想陰）。若能順此，超越對色、心的貪欲，勘破身見，破除我執，便證「人空」。

（五）空覺極圓，空所空滅

空明的覺心（能覺），照見出生宇宙萬物的微細生滅波動（所空之行陰境界，第七識的綿密實執之所映現），持續反觀覺性，猶如進入波浪底下的大海深處（破滅行陰）。若能順此，勘破萬法虛幻，破除法執，便證「法空」。

（六）生滅既滅，寂滅現前

心海深處，彷彿空無，但空無中仍有更微細的生滅流注（第八識映現），持續反觀，超越生滅（空空），心性本然的寂滅大海忽然現前（破滅識陰），開始分證圓融無礙的佛境界（圓教初住位）。

整個解六結、破五陰的耳根圓通歷程，解開「能／所」之間的攀緣與結合是關鍵：「能聞／所聞」，基本對應到「前五識／五塵」，「能」不攀緣「所」，「所」（色身）消融，而「能」（受陰）也消解；「能覺／所覺」對應到「第六識／法塵」；「能空／所空」的「空覺明心／行陰生滅」，是第七識映現的境界；

最後還要超越識陰區第八識表現出的極細生滅，在識陰區縱然體悟境空識有，萬法唯識變現，但仍有能變、所變的心境相對。

破五陰才真正超越能所相對，初步達到能所圓融的佛境界，從這圓教初住位到等覺位，天台宗立四十一品無明惑，若配《大乘起信論》，第八識有三細相，無明業相、能見相、境界相，破五陰後就進入「無明業相（無明惑）」之範圍，超越能所相對。無明業識是最極細微的心動不安，略有攀緣傾向。一切起心動念都是攀緣心，有細有粗，而修行安住於不動的覺性之中，打開能所的攀緣與結合，就是「反聞聞自性，性成無上道」之路。

耳根圓通的入門方法

注意力輕輕安住在聽覺上，反觀聽覺。初步可以藉由音聲刺激聽覺，感受聽覺的存在，聽覺自然聽得到聲音，但耳根圓通的修行不是要去聽聲音，而是聽到卻不去聽，不去聽而能聽到。覺性本來周遍圓滿，一切明瞭，只因攀緣外在對象（出流），聚焦一處，而失去圓覺，所以要逆流反聞聽覺本身。

反聞覺性，可以運用禪宗參話頭的方法，問：「聽者（能聽聲音的那個）是誰？」之後將注意力輕鬆放在聽覺上反觀。

藉由雨聲、溪聲、海潮音、山林風動、蟲鳴鳥叫，刺激聽覺，感受聽覺，都是開始練習耳根圓通的好方法。進而，車聲、吵雜聲，十字街頭好參禪。反聞覺性本身，漸漸何時何地都能安住不亂，一切音聲都能成為修行的助緣，「百花叢中過，片葉不沾身」，自能享受鬧中取靜、怡然自得之樂。

楊枝淨水遍灑三千

——《楞嚴經》、《法華經》的觀世音菩薩

「妙音觀世音，梵音海潮音」，妙哉觀音菩薩，說法具足清淨幽揚的梵音與應化無窮的海潮音德相，《楞嚴經》、《法華經》中都有這兩句話。《法華經．觀世音菩薩普門品》是佛開示觀音菩薩慈悲的威神力與應化示現，普為漢傳佛教信眾受持讀誦。讀〈普門品〉之後，再讀《楞嚴經．觀世音菩薩耳根圓通章》，更能充分了解觀音菩薩普門示現的因果事理，〈觀音圓通章〉是觀音菩薩自陳本身修行的因果功德。觀音菩薩修行耳根圓通證道，當下獲得二種殊勝：

一者上合十方諸佛，本妙覺心，與佛如來，同一慈力。

二者下合十方一切，六道眾生，與諸眾生，同一悲仰。

菩薩上與如來心心相印，同一慈力，故能化現三十二種應化身，滿眾生願。下濟眾生，同體大悲，則展開十四種無畏布施，救苦救難。

與佛同慈力，現三十二應

〈普門品〉中，應以何身得度者，觀世音菩薩即現何身而為說法，如：「應以佛身得度者，觀世音菩薩即現佛身而為說法。」講得十分簡要，〈觀音圓通章〉中則更加闡明，各類眾生的欲樂、需求，菩薩現身的時機及所說之法。如：「若諸菩薩，入三摩地，進修無漏，勝解現圓，我現佛身，而為說法，令其解脫。」現佛身的時機，特別是在諸菩薩修行將要成就之時，感應道交，觀音菩薩即現佛身加以指示與加持。「若有男子，好學出家，持諸戒律，我於彼前，現比丘身，而為說法，令其成就。」現比丘身，是接引出家學戒。「若諸眾生，樂人修人，我現人身，而為說法，令其成就。」現人身，是示範人倫道德，樂善好施。

「三十二應」語出〈觀音圓通章〉，〈普門品〉中實際上也是三十二應身，兩經所舉的應化身，大同小異，雖有數處的取捨不同，實則菩薩的應化身是無窮無盡的。〈觀音圓通章〉的三十二應，按次序可區分為：應求聖乘（佛、獨覺、緣覺、聲聞）、應求諸天（各類天王、天臣）、應求人趣（王臣人民、四眾弟子、婦女兒童等）、應離八部（天龍八部）、應人修人、應離非人。其中，應離八部、應離非人，都是強調天龍八部或非人之屬，若欲脫離自己的類別，轉生人道，則菩薩現同類身而為說求生人道之法，可見人身難得，人生苦樂參半，實際有利於勇猛精進的修學佛法。

同眾生悲仰，施十四無畏

〈普門品〉說：「是觀世音菩薩摩訶薩，於怖畏急難之中，能施無畏，是故此娑婆世界，皆號之為施無畏者。」〈觀音圓通章〉明文說有「十四種無畏」：八難（苦惱、大火、大水、羅剎、刀兵、諸鬼、枷鎖、劫賊）、三毒（貪、瞋、癡）、二求（生男生女）、持名。對照兩經，菩薩無畏施的種類次第全同，不過〈普門品〉說得精簡，如：「若有持是觀世音菩薩名者，設入大火，火不能燒，由是菩薩威神力故。若為大水所漂，稱其名號，即得淺處。」〈觀音圓通章〉則將其中的因果理事闡明：「二者，知見旋復，令諸眾生，設入大火，火不能燒。三者，觀聽旋復，令諸眾生，大水所漂，水不能溺。」因為知見（心）屬火，心不緣境，反觀自性，所以能有火不能燒的功德；因為聽聞屬水（如中醫主張，腎主水，開竅於耳），不逐外聞聲，反聞自性，所以能有水不能溺的感通。也是因為，息滅心頭的瞋火與欲海，才能感得水火不能為害的德用。

又〈普門品〉說：「若有人受持六十二億恒河沙菩薩名字，復盡形供養飲食、衣服、臥具、醫藥、……若復有人，受持觀世音菩薩名號，乃至一時禮拜供養，是二人福，正等無異。」為何是「六十二億恒河沙菩薩」呢？〈普門品〉未加說明。〈觀音圓通章〉卻有指出：「此三千大千世界，百億日月，現住世間諸法王子，有六十二恒河沙數，……眾生持我名號，與彼共持六十二恒河沙諸法王子，二人福德，正等無異。世尊！我一名號，與彼眾多名號無異，由我修習，得真圓通。」原來，佛佛道同，尤其觀音菩薩是大慈大悲的代表，耳根圓通及聞聲救苦，又與娑婆世界的眾生最為有緣，所以持觀音聖號，即等同於持此世界所有的大菩薩名號。

成四不思議，無作妙德行

〈觀音圓通章〉總結菩薩成就四種不可思議、非造作而得的天然性德：

（一）同體形咒與異體形咒

菩薩一身能現多頭、多手、多眼等眾多妙容，能說無邊祕密神咒。菩薩也能現不同身形，一一身誦一一咒，「能以無畏，施諸眾生，是故十方微塵國土，皆名我為施無畏者」。

（二）令眾供養與供養佛生

正如〈普門品〉中，佛在讚歎觀音菩薩的巍巍功德之後又說：「汝等應當一心供養觀世音菩薩」，無盡意菩薩隨即表示：「我今當供養觀世音菩薩，即解頸眾寶珠瓔珞，價值百千兩金，而以與之。」但所謂「君子不奪人所好」，況且佛也在場，應先供佛，因此觀音菩薩不便領受無盡意菩薩解下的珠寶，不過「佛告觀世音菩薩，當愍此無盡意菩薩，及四眾、天、龍、夜叉、乾闥婆、阿修羅、迦樓羅、緊那羅、摩睺羅伽、人非人等故，受此瓔珞。即時觀世音菩薩，愍諸四眾及於天、龍、人非人等，受其瓔珞，分作二分，一分奉釋迦牟尼佛，一分奉多寶佛塔」。觀音菩薩經佛勸導，接受供養之後，又將珠寶為大眾修福，轉供如來。這段經文正表現出，菩薩具有能令眾供養的威德力，以及能夠供養諸佛與眾生的福德力。

〈大悲閣記〉，蘇東坡的妙悟

菩薩千手目，與一手目同。物至心亦至，曾不作思慮。
稽首大悲尊，願度一切眾。皆證無心法，皆具千手目。

東坡居士在大悲觀音閣的文記中說到，他曾懷疑：「若要使人左手運斤而右手執削，目數飛雁而耳節鳴鼓，首肯傍人而足識梯級，雖有智者也有所不暇，如何能夠如同菩薩，千手異執而千目各視呢？」但東坡居士有次「燕坐寂然，心念凝然，湛然如大明鏡」，竟然同時覺知到：「人鬼鳥獸，雜陳乎前；色聲香味，交通契合心體。此時心雖不起，而物無不接，接必有道。所以，即使如菩薩的千手之出，千目之運，雖然未可得見，但確實可知有其道理。一佛能變河沙諸佛，也是如此，觸而不亂，至而能應，道理必是如此。」心如明鏡台，自能隨緣映現一切，這正是對於菩薩同體與異體身形變化道理的體悟。

第一中的第一法門

——《楞嚴經》文殊菩薩評二十五圓通

《楞嚴經》二十五圓通，是二十五位聖人分別從六塵、六根、六識、七大之中證悟，現身說法，向我們見證在任何事物上用心，皆可悟道，真理無處不在。諸位聖賢報告自己的修行法門，各各皆說：「這是第一的圓通法門。」之後，佛令大智文殊師利法王子揀擇，哪門最適合這世界的眾生修學？文殊說：「歸元性無二，方便有多門。」門門皆通；但對初學修證而言，耳根圓通最為迅捷有效。

六塵圓通修法，間隔差別不圓滿

我們常在見色聞聲之時，處處執著，其實根塵結合的當下，緣起性空，虛妄無實，心淨自然能明心見性，體悟六塵畢竟「唯心所現」，都是隱密圓滿的心性之所顯發的妙境。

聲塵圓通的憍陳那，聞佛說四諦之聲而悟道，體解妙音密圓。色塵圓通的優波尼沙陀，修不淨觀，最後觀照白骨化為微塵，歸於虛空，塵色既盡，心性顯發的妙色密圓。香塵圓通的香嚴童子，嗅聞到燒香的香氣，來無所從，去無所著，明悟妙香密圓。味塵圓通的藥王、藥上兩位法王子，無始劫來為世良醫，口中嚐試草木金石等味，悉能遍知，學佛之後了知味性非空、非有，因味而覺明。觸塵圓通的跋陀婆羅，洗浴之時，忽悟觸水之覺，既不因水而有，也不因身體而有，得無所有而妙觸宣明。法塵圓通、頭陀苦行第一的摩訶迦葉，過去生曾以紫光金塗佛形像，世世生生，身常圓滿，更反觀世間六塵（會歸法塵）終究變壞，以空寂無相修入滅盡定，身心乃能度百千劫，猶如彈指之間，開明妙法。

文殊評點六塵圓通：色塵是妄想凝結的不明徹之物質，音聲語言形成概念分別，香、味、觸都藉接觸而感知，這五塵落謝在心中形成的法塵，也是能所相對的認識分別，六塵屬性太過具體而差別，顯然不夠圓通，並非修習圓通法門的好下手處。

五根圓通修法，感知分別不圓滿

六根攀緣對象是眾生的虛妄慣性，從中返觀離塵的純粹覺性，就是圓通之道。眼根圓通的阿那律陀，常樂睡眠，被佛訶斥，發奮精進不眠，導致雙目失明，「旋見循元」，迴轉向外看，轉向根性源頭，成就天眼第一。鼻根圓通的周利槃特迦，記憶特差，學習將心安住於專注呼吸，「返息循空」，藉由觀呼吸，氣息歸空，開顯覺性。舌根圓通的驕梵鉢提，口中常會反芻如牛，「還味旋知」，即從味覺上體悟性空，開顯本覺。身根圓通的畢陵伽婆蹉，毒刺傷足，「純覺遺身」，反觀覺性本身，遣去攀緣塵境的觸覺。意根圓通的須菩提，「旋法歸無」，如見波知水，為解空第一。

文殊評點五根圓通：眼見物的知覺，明前不明後。鼻息在出入之間，會暫時停止。舌嚐味道，有食物時滋味方顯。觸覺也是無物碰觸，則不顯明。意根常生起意識亂想，很難調伏。總之，眼、舌、鼻、觸的覺知不夠圓滿，意根又牽雜難調，並非修習圓通法門的好下手處。

六識圓通修法，分別性強不圓滿

眼識圓通的舍利弗，種種現象，眼識一見則通，智慧第一。耳識圓通的大行普賢菩薩，用心聞聽，若有眾生發心行普賢道，菩薩即刻乘坐六牙白象至其處所，為他摩頂加持。鼻識圓通的難陀，心常散動，觀鼻端的白息，後來出入息都化為光明，照十方界。舌識圓通的富樓那，說法第一，辯才無礙，降伏魔怨，深達實相。身識圓通的優婆離，持戒第一，從執身而身得自在，次第執心，心得通達。意識圓通的大目犍連，聽聞因緣深法，意識旋返清湛，心光發宣，神通第一。

文殊評點六識圓通：根（眼）塵（對境）和合產生認識（眼識），因此「識」的本身並無常住自體，不相應於本心。普賢心聞能遍聽十方，已是久修菩薩，不是初心能學。觀鼻端白，只是權巧攝心住於一處。富樓那說法成就，也是先已開悟，否則名句概念本身也是有漏法。持身則住於身。目犍連是宿世修為，一聞法才能心光通達，並非一般意識攀緣能及。綜觀，六識分別性強，皆非修習圓通法門的好入手處。

七大圓通修法，有違本真不圓滿

地大圓通的持地菩薩，時常勤苦造橋鋪路，透過毘舍浮佛開示：「當平心地，則世界地，一切皆平。」當下心開。火大圓通的火頭金剛，性多貪欲，遍觀冷暖氣息，轉化淫火為智慧火。水大圓通的月光童子，觀察身中水性與大海水都平等無別，體會水性真空。風大圓通的琉璃光法王子，觀照一切動轉平等無別，來無所從，去無所至，同一虛妄，身心發光。空大圓通的虛空藏菩薩，諦觀四大與虛空都無所依，全憑妄想生滅而有，佛國唯心所現。識大圓通的彌勒菩薩，原本貪好世名，修「唯心識定」之後，證悟一切淨穢有無，皆是心識變化所現。根大圓通的大勢至法王子，以憶佛念佛攝收六根，淨念相繼，成就「念佛三昧」。

文殊評點七大圓通：地性堅礙非通達；水觀之觀身成水，亦非真如實相；欲火熾盛而觀厭離，或觀風的動寂，落於相對也非真實；虛空本身昏鈍非覺；識性與念性都是生滅無常。所以，七大屬性有違本真，並非修習圓通法門的好入手處。

耳根圓通，真常圓滿

耳根圓通的觀世音菩薩，從反聞聽覺本身，逆流證入法身，開發本性原自具足的大慈大悲，展現三十二種應化身、十四種施無畏、四種不可思議功德，救苦救難。文殊推崇耳根圓通，指出我們娑婆世界的眾生耳根最利，耳根的聽聞，周聽十方是「圓」真實，隔牆能聽是「通」真實，恆常能聽是「常」真實，耳根最相應於圓滿的本覺，不僅是初心修習圓通的首選，也是淺深同說的常道修學之法，善巧方便而易成就。

根據古今註家之說，開悟後直接保持悟境，是最上等的修法，但特別在末法時代罕見有人能夠如此，一般必須選擇特殊法門安住身心，《楞嚴經》最推崇依耳根證悟圓通佛境，其次推薦念佛求生淨土，當然各人契機不同，所以門門也可說都是第一的圓通法門。

〈第五講〉

超越魔境

過關斬將

——《楞嚴經》五陰境界

《楞嚴經》的「五陰境界」敘述「五十種陰魔」，從禪定境界的角度，談及種種的錯誤歧路與群魔亂舞的宗教亂象，尤其可視之為「照妖鏡」，在這魔強法弱的末法時代，佛魔之辨特別重要。

禪修境界的層級與歧路

五陰境界，是禪修要突破的五種層次，於每一層次，經中皆列舉十種陰魔。修行人碰到的狀況並不相同，多是依據各人的根器、習氣、修行法門不同而定，不論是善根發露、惡根發露、邪魔擾亂、錯解無知等的差別因素，執著便都成為魔事，令人走上歧路。在品德上，可能著魔發狂、潛行貪欲、求名求利、騙財騙色；在知見上，可能誤以為證道，或成為外道知見，或停滯不前。凡是妨礙成佛之路，斷送法身慧命，都統稱為魔事。

當深入內心世界之時，心中潛藏的種種能量與外在感招都將浮現，只要不去執取境界，如法禪修，邪不勝正，當能平安度過一切危難。在破陰的過程中，若能以相應的體會，進而斷惑證真，就不會再墮入外道邪魔境界。

《楞嚴經》的用詞常緊扣修行境界來講，並非只是一般佛學上的用法，經文中的五陰、五濁、明、覺、空、晴空、明鏡等名相，都是如此。以「五陰（蘊）」為例，五陰一般是指色（物質）、受（感受）、想（概念）、行（心意運行）、識（心識主體），眾生被五蘊積聚而陰覆智慧，《楞嚴經》又特別用禪定的層次來講五陰境界，這是經中的獨到之說。

五陰境界配比表

五陰	五妄想	五濁	八識	九次第定	證位	三空
色	堅固	劫濁		欲界定——初禪		人空
受	虛明	見濁	前五識	二禪——三禪	初信、初果	
想	融通	煩惱濁	第六識	四禪		
行	幽隱	眾生濁	第七識	四禪——識無邊	五信、三果	
識	顛倒	命濁	第八識	無所有——滅盡定	七信、四果	
					十信	法空
破陰	無明惑	實報土	佛性	佛性大定	初住	空空

備註：五陰配五妄想與五濁，本是經中「五陰境界」之說；其它配比為註家配法，並無一致定說。證位須斷相應之惑，表中舉圓教十信位與小乘四果之階位為例。以上配比都是取某側面而將五陰與佛理對照會通，其實配套之間並非完全對應。（「五陰境界」配「耳根圓通」六結、八識、三空、破陰，參見本書〈反聞自性〉一文）

物質世界的融通與光明

色陰區：妄想堅固則會反映成為堅頑的物質世界（劫濁），如同水結冰。「欲界定」以上，粗重色陰開始轉化，物質的障礙將有暫時消解的現象，譬如：身體與外界融通、痛覺消失，或接收到法界訊息，諸如聽聞十方說法、見十方淨土、見六道輪迴、見虛空充滿寶色、暗中見物、遙見遙聞等，不一而足。這些多是用功導致「善根發露」，猶如日光透過雲彩，不同間隙（根器、法門）見到不同光影，「不作聖心，名善境界，若作勝解，即受群邪」；或者遭天魔附身加持，通達妙義，此時尤其不可執著，當可破色陰。

色陰盡：破除色陰則能不被物質陰覆，十方呈現大光明，物質內外通透，猶如琉璃，這是佛性光明的顯露。色陰盡，有些類似二禪天，如「無量光天」，「光光相燃，照耀無盡，映十方界，遍成琉璃」。

身心感受的發露與出離

受陰區：受陰是對具體事物執取的苦、樂感受，感受是虛有其明、如幻不實的「虛明妄想」所成，眾生知見常溺於根身感受，無法自拔（見濁）。在色陰盡的大光明中，生命能量散發出來的感受，往往十分強烈，如無窮悲、無限勇、大枯渴、多狂慧、無盡憂、無限喜、大我慢、無量輕安、一向頑空、無限愛，倘若執著感受則會引發邪魔依附身心，惑亂行者，必須及早覺悟，否則必將誤入魔道。

受陰盡：不被根身領納塵境而產生的感受所陰覆之後，本來困在肉身中的神識，「心離其形，如鳥出籠」，心意可化現「意生身」，隨意往來各地，這時邪魔不能再以附身的技倆欺騙行者。

理念思想的追求與寧靜

想陰區：想陰是思想的攀緣，總會引發煩惱（煩惱濁），思想具有融通事物的能力，常有所偏好，在想陰區若有貪求善巧、或追求經歷、或嚮往契合、辨析、冥感、靜謐、宿命、神力、深空、永歲等願求，則將招引「魔附之人」前來指授，顯異惑眾，令行者信服。

想陰盡：動念浮想（第六識的擾動）消除，心如明鏡，照見出生萬物的宇宙波流（同生基，第八識雜染第七識的種子流變）。想陰區類似四禪「捨念（苦樂擾動）清淨」，但思想卻仍不夠清淨，過分貪求所好，想陰盡則心念清淨，擁有神通不足為奇，不會再被「魔附之人」顯異惑眾所欺瞞了。

宇宙波流的體察與沉潛

行陰區：行陰顯現為難以窺見的宇宙波流，牽引眾生的生來死去（眾生濁），這是透過眾生念念執我的「幽隱妄想」所成。修行人在宿命通的觀察之下，甚至可以照見過去八萬大劫，這時往往會產生種種外道知見，來解釋宇宙真相，如說無因、或說自然、遍常、神我、涅槃、無常、斷滅、有邊、無邊、亦有亦無、非有非無等的常、斷、有、無之說。此區類似「識無邊處」（宇宙充滿心識，這是第七識內緣第八識所反映的境界）。

行陰盡：進入宇宙波流底層（第八識映現），「如波瀾滅，化為澄水」。

宇宙精神的認同與超越

識陰區：識陰是眾生輪迴顛倒、六根攀緣的生命根本（命濁），住於此處則超越牽引投生的業脈力量（行陰），外道依識陰而契入冥諦、或神我、自在天、草木有情、四大尊神、空無、長命仙、天魔等境界，佛教的阿羅漢、辟支弗的涅槃也在此區。外道、邪魔退失定境之後，還復墮落於輪迴之中；阿羅漢、辟支弗則已永脫輪迴。識陰區類似「無所有處」、「非想非非想處」、「滅盡定」。

識陰盡：識陰盡則證入圓教初住位，開始實證佛性，成為法身大士，仍帶根本無明之惑業，但已處於身心世界清淨光明的實報莊嚴土，六根互用，踏入萬法圓通無礙的佛境界。

「耳根圓通」是《楞嚴經》超越五陰境界的主修法門，始終是反觀、安住在不生滅性的覺性上，所以本經的五陰境界，是破妄的同時即顯真，這與一般安住在妄心上的禪修迥異（如九次第定），到頭來還是不出妄心，煮沙不能成飯，除非能再迴光返照真心自性。

潛能開發百分百

——《楞嚴經》五陰境界與《露西》

《楞嚴經》開示，禪修會經歷「五陰境界」，五陰是指色（物質）、受（感受）、想（概念）、行（心意運行）、識（心識主體），眾生被五蘊積聚而陰覆智慧。《楞嚴經》特別用禪定的層次來講五陰境界，這是經中獨到之說。

《露西》（*Lucy*）是二〇一四年上映的科幻動作片，由盧貝松（Luc Besson）執導監製，主場景在臺灣與法國，以獸性、人性到神性的進化為主軸，演繹現代生化科技、量子物理學、時空場等科學理論。露西被黑幫綁架，把藥品 CPH4 藏在她的體內，露西意外地吸收部分藥物，致使大腦能力逐漸打開。本片內容雖屬科幻，但科幻始終來自人性，且以最新科學知識為基礎，其中露西的潛能開發歷程與《楞嚴經》的五陰境界，具有巧妙的呼應之處，有助於我們以現代方式思索領會佛法，但《露西》表現出西方向外求知的模式，《楞嚴經》則是向內昇華的精神境界。

色陰：唯物進化／心物合一

有人認為露西是藉助母體激素製成的藥物開發大腦，因此是唯物進化論。但這藥物卻是提煉自生命，所以究竟是精神或是物質居先，又成為雞生蛋還是蛋生雞的無解問題。不過，在露西的進化過程中，同時運用心、物二者的力量，絕非只靠唯物，無疑是心物合一的表現。其實，心物和合正是緣起中的實況。

當露西大腦開發後，她先能控制自己的身體運作，中彈、開刀都不會痛，繼而又能控制他人與物質世界，也能接收到常人看不見的訊息，物質世界的奧祕被打開了，不再那麼堅固質礙。露西能看穿樹木、人體的表面，看進內部的微細狀態，也能接收到種種充塞於空間中的電磁頻道，更能穿梭時空，看盡滄海桑田、宇宙起源。

人類科學的發達，不也正是如此，藉由科技，我們有顯微鏡、電磁顯像儀、收音機、電腦、智慧手機，也能飛行往來各地，或者進入虛擬世界，這些可說是科學展現的神通。

同樣地，《楞嚴經》闡述禪修進入「色陰區」之後，善根發露時，會打開物質障礙的封限，例如：身體與外界融通、身無痛覺「縱割其肉，猶如削木」，或覺知十方景象、看見虛空充滿各種寶色能量。

受陰：弱肉強食／互助進化

《露西》中，黑幫人物出場時，畫面切換到獵豹捕殺羚羊的景象，正代表弱肉強食的達爾文進化論；與此相反，哲人克魯泡特金（P. Kropotkin，一八四二—一九二一）曾提出互助進化論，主張進化更重要的，是藉由生命彼此間的互助才能達成，這是由個體強弱競爭的點、線，擴大觀照到團體的互助層面。

露西在被殺人不眨眼的黑幫綁架時，充滿驚恐畏懼，偶然間吸進藥物後，大腦開發，智力大增，起初為了保命，冷酷無情地回應之前黑幫造成自己內心無比驚恐的情結，視人命如草芥，任意殺人。之後，經歷母親的慈愛、朋友的溫情，以及長者開導：「生命的唯一意義就在於傳遞知識。」終於喚起人性，但卻沒有痛苦、恐懼、欲望的情緒波動，有關萬事萬物的知識都在露西心中爆發出來。

後來，露西與黑幫戰鬥，大顯超能神通，始終不殺一人，多是防制性的自衛，其間並與警方、科學家合作，終於協助自己完成進化，而將自己所獲得的知識，傳遞延續下來，幫助人類。

《楞嚴經》敘說禪修進入「受陰區」後，過往情執往往會強烈爆發出來，例如無窮悲，或者無限勇、無盡憂、無限喜、大我慢、無限愛，這時須用正念觀照，不受牽引，善調身心，回復平和，才能繼續前進。

想陰：資訊網絡／六根清淨

「想陰區」的禪修者，思想會攀緣所希求的事理，譬如「窮覽物化，性之終始，精爽其心，貪求辨析」，貪愛善巧，或者經歷、契合、神力、深空、永歲等願求，以滿足自我思想的意欲。雖然思想的適度求知是必須的，但是若能超越想陰，心如明鏡，將更能覺知宇宙萬象。《法華經》中描寫六根清淨的狀況，今以眼根、意根為例：

是善男子、善女人，父母所生清淨肉眼，見於三千大千世界內外所有山林、河海，下至阿鼻地獄，上至有頂，亦見其中一切眾生，及業因緣果報生處，悉見悉知。……清淨意根，乃至聞一偈一句，通達無量無邊之義。……六趣眾生，心之所行，心所動作，心所戲論，皆悉知之。

露西在大腦開發過程中，遭遇即將死亡的困境，她為了幫助自己理解現況，提供永生對策，以飛快的速度吸收大量網路資訊，她拿起酒杯說：「敬知識。」露西的覺知能力愈來愈強，能感受到宇宙萬物林林總總的情形，不僅一見就懂，而且觸類旁通，聰慧無比。

行陰：細胞代謝／時空穿梭

行陰顯現為難以窺見的宇宙波流，生滅無常，牽引眾生的生來死去。露西服藥後，細胞迅速死亡與重生，轉換體質；反映在大宇宙上，則看到宇宙的更迭變異、滄海桑田，任意穿梭時空。

「行陰區」的行者可以照見過去八萬大劫中，宇宙萬物生生滅滅的情形，這時常會產生種種外道知見來解釋宇宙真相，如「行陰常流，計為常性；色受想等，今已滅盡，名為無常」，「見遷流處，名之為變；見相續處，名之為恒」，或說無因、或說自然、神我、斷滅、有邊、無邊等的常、斷、有、無之說。

露西認為一切存在都消逝於時間之中，時間是唯一的真實。同時，劇情中一再揭露「爭取時間」是生存關鍵，闡釋細胞或人們活著的目的，就是在「贏得時間」，要不永生，要不藉由繁殖延續生命。這便是一種時間實在論的觀點及生活態度，但是這卻忽略了時空都是心動形成的幻象。

識陰：無所不在／唯識變現

「識陰區」體認到精神意識充遍世界，萬物唯識變現，但這畢竟還是虛妄的精神幻境，如同大夢一場。外道修行至此，或者認同冥諦、神我、萬物有情、空無、長命仙，乃至淪入天魔之中。

露西說：「人類以個體為度量單位，以便於理解事物，其實不然，一加一根本不等於二。」當露西腦用量達到百分之百，消失在時空連續體裡，同時她能轉變物質成為具有生命的超級電腦，到底露西何去何從，她說：「我無所不在。」這正是融入了識陰區。

科幻與佛典在現代交會，科學確實愈來愈有禪味！

色不迷人人自迷

——《楞嚴經》色陰十魔

《楞嚴經》指出，禪修境界的提昇過程，會經歷「五陰境界」，只要不執取，循序經歷五陰層次，可說都是「善境界」；不過，一旦黏著，就將成為「魔境界」，經中列有「五十種陰魔」。以下先總說面對禪修境界的原則，之後別談「色陰十魔」。

面對境界，空有二觀

任何境界，不論好壞，都不可執取；即使原先是「善境界」，一旦執著，也會變成「魔境界」。佛教有「空、有」二門，若只依「空觀」的方法，則如禪宗說的

「佛來佛斬，魔來魔斬」，不在意、不理會境界，就可以了；但若配合「有門」的精神，則對禪修境界應有相當了解，並當作反省自心修學狀況的參照。

總之，在不執著的原則下，禪修的境界可以提醒自己修行的相應開發程度。例如，若感應到佛菩薩現前，在修行上的真正意義是，行者的心與佛法相應，因此才能感應到佛菩薩現前，所以行者當反觀自照，身心的戒、定、慧（不貪、不瞋、不癡）是否真與佛法相應，更加惕勵自己，而非以獲得小小的神通感應、聰明辯才等而自滿。

靈界感應，高低層級

藉由踏實禪修，或者突然依靠他力開發，如開頂、開眼、啟靈、催眠、靈界加持等，都可感應到靈界，可分為：

中低層的靈界：一般的通靈人、靈媒、乩童，感應到的靈界，大多是中低層次的鬼神或魔道，藉由鬼神或魔力的加持，通靈者常會擁有一些神通感應能力。

高層次的靈界：若常能感應到高層次的靈界，這要在心靈修為上真正相應於神佛才會發生。正如無著大師修「本尊相應法」，十二年才見到彌勒菩薩。

貪愛境界，求升反墮

貪愛禪修境界，在「自我暗示與催眠」之下，常會使得幻覺境界愈來愈多，同時貪心也隨之愈來愈大，如此，不但無法感應到高層次的神佛，反而易與中低層次、同類心態的靈體相應，在靈力加持下，又會使得神通感應與貪心俱增，久而久之漸與靈體氣味相投，結緣深厚，今生來世乃至多生多世，恐怕都將成為中低靈界的一分子，難以脫離靈界的因緣與掌控。

倘若感應的對象是邪靈，著魔之人現世或者風光一時，相率引人入魔；或者邪魔附體日久，導致精神錯亂，難以救治；或者貪圖名利情色，終致發生種種不幸，家破人亡、牢獄之災等。走火入魔者，命終之後，或者直墮地獄，或暫生魔界，成為魔子魔孫，但終究惡報難逃，「寧可千生不悟，不可一日著魔」！

開發神通，悲智雙運

在悲智雙運下，可以開發神通，善用神通。開發神通，略可分為自力與他力兩種方式。在自力上，從正定出生神通；在他力上，例如依密法儀軌，得到咒通、感應。運用神通，必須有智慧，要能真正利益眾生，並且不可貪戀，否則，輕則在修行上難以更上層樓，中則誤導眾生，揹上、參入他人的業障，重則墮落著魔，積劫難復。

色陰十魔，佛魔一念

色陰區，是禪修精進專一之後，首先要轉化的境界。色陰以「堅固妄想以為其本」，世界是唯心所現，妄想堅固則會反映成為堅頑的物質顯現，如同水結冰。禪修時，「銷落諸念，其念若盡，則諸離念，一切精明，動靜不移，憶忘如一」，不打妄想，內心始終清明如一，因為不攀緣外境，專注用功，在色心交互感通之下，物質的障礙開始有暫時消解的現象，粗重色陰開始轉化：

1.身能出礙：專注觀照，感招外境虛融，身體忽能穿透外物，不受阻礙。

2.內徹拾蟲：專注觀照，感招身內虛融明徹，忽可用手從身內拾出蟯蛔，卻無傷毀。

3.內外融通：專注觀照，感招內身外境融通，身內精魄氣息互通無礙，反映在外境上，竟能聽聞到虛空十方的說法聲。

4.境變佛現：專注觀照，熏染佛經（如《華嚴經》、《梵網經》）的善根發露，感招十方遍作紫金色，一切事物都融入如來「法身」，忽見廣含百億國土的蓮華藏世界，「化身」千佛圍繞圓滿「報身」毘盧遮那佛。

5.空成寶色：專注觀照，觀察不停，定力超勝，忽見十方虛空同時遍滿七寶色或百寶色，不相留礙，青黃赤白各各純現。

6.暗中見物：專注觀照，心細澄澈，忽於夜半暗室之內，能明見種種出現室中的幽冥鬼神。

7.身同草木：專注觀照，純覺忘身，四肢忽然同於草木，火燒刀削都無知覺。

8.遍見無礙：專注觀照，欣求淨土，厭離輪迴，想久化成，忽見十方山河皆成佛國，具足七寶，光明遍滿，又見恆沙諸佛如來，遍滿空界，樓殿華麗，同時也能照見六道輪迴的世界，下見地獄，上觀天宮。

9.遙見遙聞：專注觀照，研究深遠，忽能遙見遠方的市井街巷親族眷屬，或聞其語。

10.妄見妄說：專注觀照，研究精極，但因心邪妄想，忽然見到善知識現身，形體變移，化成種種相貌，或者遭到天魔潛入心腹，行者突然能夠講經說法、通達妙義。這時要特別警覺，「不作聖心，魔事銷歇」，即將可破色陰。

以上經中列舉的十種色陰境界，幾乎都是用功導致善根發露（第十除外），暫時如此，不是一證永證，猶如日光透過雲彩，不同間隙見到不同光影，行者依各自的根器、法門，遭遇到不同的狀況，感受到、看到相應的局部真相，尤其禪修有成之後，天魔鬼神會來擾亂，凡此種種只要持續專注用功，不貪著境界，加行念佛持咒，自能安然度過，「不作聖心，名善境界，若作聖解，即受群邪」，倘若迷不自識，妄言登聖，終將墮入無間地獄，不可不慎。

色陰區「如明目人，處大幽暗，精性妙淨，心未發光」，破除色陰則「若目明朗，十方洞開，無復幽黯」，不被物質陰覆，十方呈現大光明，物質內外通透，猶如琉璃，「色陰盡者，見諸佛心，如明鏡中，顯現其像」，這如明鏡般的光明世界，正是眾生本具的佛性光明的顯露發光。

喜怒哀樂愛惡欲

——《楞嚴經》受陰十魔

佛法講「萬法唯心所現」，凡夫的世界是妄想變現出來的，世界的成、住、壞、空、循環往復，猶如一場又一場的大夢，「當知虛空生汝心內，猶如片雲點太清裡」，何況在虛空中的世界，更是微不足道。

禪修魔擾，邪不勝正

所以，當禪修用功逼近於返妄歸真之時，自己大夢中的十方虛空都會銷殞，正如禪宗以「虛空粉碎」形容開悟，而這世界是眾生的共業所成，當禪修者空觀強烈、大夢將醒，眾生的共業世界也都將受到影響而震裂。這時，一切靈界的魔王、鬼神及諸凡夫天的宮殿崩裂，同時大地震坼，山精水怪、飛行夜叉之類，無不驚慴。不過，人間凡夫暗鈍，不覺變遷。

因此，這些具有神通的魔道，當行者正定將成之時，必來擾亂。魔道雖因宮殿崩裂而大怒，終屬塵勞妄動，只要禪修安住於覺性的虛空中，塵勞豈能妨礙虛空，「如風吹光，如刀斷水」，了無能耐。禪修也如沸湯、如陽光，魔道則如堅冰，煖氣漸隣，堅冰自然銷殞，魔道實對如法禪修者無可奈何，除非行者隨之起舞，「主人若迷，客得其便」，自己迷惑動搖，才會著魔，成為魔人魔子，墮落難救。

受陰十魔，邪心感招

禪定在「色陰盡」後，佛性本具的大光明顯露，物質世界內外通透，這時就進入了「受陰區」，生命能量所散發出來的感受，往往十分強烈，此時一旦執著感受則將引發邪魔依附身心，惑亂行者。經中列舉受陰區十種著魔的狀況：

（一）發無窮悲→悲魔

在大光明中，反觀眾生迷惑顛倒，自己卻未能救拔，過分自責內抑，忽然興發無窮悲心，乃至觀見蚊虻猶如赤子，心生憐憫，不覺流淚。若錯以為這就是大悲心的流露，則將感招悲魔附身，見人則悲，啼泣無限。

（二）生無限勇→狂魔

在大光明中，感激過分，忽然生起無限勇猛，自認當下一念等同佛心，已然越過成佛所須的無量劫修行。若錯解這是勇猛的頓證相，則將有狂魔附身，見人則誇，我慢無比，乃至上不見佛、下不見人。

（三）生大枯渴→憶魔

在受陰區中，久久未有新證，進亦不得，退亦不是，智力衰微，迴無所見，忽然生大枯渴，於此心境，沉憶不散。若錯認這是勤精進相，則有憶魔附身，整日處於枯木死灰的心境中。

（四）得少為足↓下劣易知足魔

在大光明中，生起狂慧，懷疑自己已證佛果，得少為足，則將感招下劣易知足魔附身，見人便自誇：「我得無上第一義諦。」

（五）生無盡憂↓常憂愁魔

在虛明中，久久未獲新證，進退不得，歷覽修行前後，充滿艱險阻難，忽然生無盡憂，如坐鐵床，如飲毒藥，常想一死了之，早取解脫。若錯認這是解脫正道，則將有常憂愁魔附身，手執刀劍自割自殺，或常憂愁，走入山林，不耐見人。

（六）無限喜生↓好喜樂魔

在大光明中，清淨安隱，忽然生起無限歡喜，不能自止。若錯認這是無礙解脫，則將有好喜樂魔附身，見人則笑，自歌自舞。

（七）大我慢起↓大我慢魔

在大光明中，忽起大我慢，乃至輕視十方如來。若作聖解，則有大我慢魔附身，不禮塔廟，摧毀經像，對信眾說：「佛像是金銅土木，佛經是樹葉文字，肉身內有真常佛性，不自恭敬，卻崇土木，實為顛倒。」信眾深信，毀碎經像，埋棄地中。

（八）無量輕安↓好清輕魔

在大光明中，得大隨順，忽生無量輕安，若誤認這就是聖者的大自在，則有好清輕魔附身，自謂滿足，更不求進，多作無聞比丘。

（九）歸向永滅↓空魔

在虛明中，忽然歸向永滅，撥無因果，墮入頑空，長斷滅見。若作聖解，則有空魔附身，毀謗持戒是小乘，菩薩悟空有何持犯？常於信眾之前，飲酒噉肉，廣行淫穢，因有魔力加持，令信眾不生疑謗，鬼心久入之後，乃至吃屎喝尿。

（十）無限愛生↓欲魔

在虛明中，貪愛滋味，深入心骨，忽然生起無限愛意，愛極發狂。若作聖解，則有欲魔附身，說貪欲是菩提道，行淫者為持法子，於末世中攝收凡愚信眾，乃至成千上萬。不過，若魔心生厭，離開附體之人，這人威德既無，多行不義，現世難免就有牢獄之災。

總之，受陰十境感受強烈，「悟則無咎，非為聖證，覺了不迷，久自銷歇；若作聖解，……失於正受，當從淪墜」，及早覺悟則無事，否則未證卻妄言登聖，大妄語成，必定誤入魔道，貽誤眾生，破壞正法，終將墮入無間地獄。

此外，有些禪密祖師的言行，乍看略似受陰魔境，或乃方便行化，難以一概而論。

全面啟動，夢境覺醒

在科幻片《全面啟動》（*Inception*）中，描寫「夢境製造師」能清楚自己在做夢，也能設計創造自己的夢境，並能藉由儀器串聯，進入他人的夢鄉之中。在夢中，只要死亡，便會醒來。

一對恩愛夫妻，夢中彷彿度過五十年，活在自己設計的大都會中，從年少到白髮，妻子已把美夢當作真實，不願醒來，先生不得已，對她用催眠植入「世界是虛幻」的觀念，兩人才藉由自殺醒來。但妻子夢醒後產生錯亂，認為現實世界也是虛幻的，為了醒來，再度自殺。先生懊惱不已，自此以後只要進入夢鄉，妻子就會成為先生的夢魘，以情愛阻止丈夫覺醒。先生在虛幻與真實之間掙扎，於是設計了夢境中的小陀螺，可以一直旋轉不會倒下，以此來分辨夢境與真實。直到有次進入第四層夢，再不回頭便將永沉夢境，主角終於堅定意志，看破夢中摯愛的妻子，其實只是自己貪愛與愧疚的投射，克服夢魘，回歸真實世界。最後片子在主角再度旋轉小陀螺中結束，而這回歸的現實世界，會不會又是另一場唯心所現的大夢？

這部影片，夢中有夢，一連串的美夢與惡夢，把人牢牢困住，受到潛意識感受的影響，夢境變現種種情境，尿意竟導致滂沱大雨，心灰意冷反映出冰雪城堡，愛憎造成親友與敵人的反覆出現，無知之人進入夢鄉完全受其擺布，聰慧的夢境製造師則一目了然，在夢中遊戲神通，隨意變現一切，自由變幻形體，也可將平面的城市折成四方體，人車可以垂直走上高處，不受自然法則規範。而當人將醒之時，夢境世界則天搖地動、崩散瓦解。整部影片活靈活現地演繹出唯心變現、感受引導、迷悟自覺的人生境界，正與《楞嚴經》的「覺了不迷」之說互相呼應。

思入風雲變態中

——《楞嚴經》想陰十魔

獅子身中蟲，自食獅子肉

佛在世時，諸魔難以破壞佛法，但卻有一魔王誓言：「我於如來滅後，將差遣魔子魔孫，依教出家，暗地破壞佛法！」佛即落下慈悲之淚而說：「無奈汝何！譬如獅子身中蟲，自食獅子身中肉。」《楞嚴經》想陰十魔，便是魔王派遣的妖魔鬼怪，附在人身上破壞教團，佛教徒不可不識。

當禪修者「受陰盡」進入「想陰區」，不被根身領納塵境而產生的感受所陰覆，困在肉身中的神識，可以隨意往來各地，這時邪魔不能再以附身的技倆欺騙行者。但「想陰」是思想的攀緣，總會引發煩惱，常常有所偏好，當禪修進入想陰區中，若有所貪求，則天魔將派遣歸附魔道的鬼怪精靈「飛精附人」。這時「魔附者」會前往修行人之處，顯異惑眾，令人信服，逐漸令信眾「破佛律儀，潛行貪欲」，而魔精在惱亂厭足之後即會離開，但因師徒已曾多行非法，難免現世就有牢獄之災，來世亦難逃墮入無間地獄的惡報苦果。

想陰十魔，魔王當家

經中列舉想陰區十種著魔的狀況：

（一）求巧→怪鬼

若於定中，貪求善巧，則將感招「附物成形」的怪鬼，遭怪鬼附身者前來說法，身形種種變化，或作比丘、天帝，或為婦女、比丘尼，或寢暗室，身有光明。怪魔好言災祥變異，或說如來某處出世，或言劫火刀兵，令人恐懼，耗散家資，求福免禍。

（二）求遊→魃鬼

若於定中，心愛遊蕩，則將感招「遇風成形」的魃鬼，遭魃鬼附身者前來說法，聽眾忽見自身坐在寶蓮華上，放紫金光。魃魔好言諸佛應世，如說某處某人當是某佛菩薩化身之類。

（三）求合→魅鬼

若於定中，貪求契合己心所好，則將感招「遇畜成形」的魅鬼，遭魅鬼附身者前來說法，聽眾在聞法之前，就能心自開悟，或得宿命通、或有他心通、或見地獄、或知人間好惡諸事、或口說偈、或自誦經，各各歡娛，得未曾有。魅魔好言佛菩薩有大小、先後、真假、男女之類，以聳動人心。

（四）求元→惡鬼

若於定中，貪求窮通造化始終，則將感招「遇蠱成形」的蠱毒鬼、或「遇幽成形」的魔勝惡鬼，魔附身者前來說法，身有威神，令眾自然心伏，口中好言：「肉身就是法身淨土，男女二根便是菩提真處，父父子子遞代相生，即是法身常住不絕。」

（五）求應→厲鬼

若於定中，貪求感應，則將感招「遇衰成形」的厲鬼，魔附身者前來說法，能令聽眾暫見這說法者的身形面貌鶴髮童顏，宛如百千歲，心生愛染，願為奴僕，又令信眾認為這師尊也是自己的前世師父，而粘如膠漆。厲魔好言：「我於前世先度某人，當時是我的妻妾兄弟，而今又來相度，日後將相隨歸某世界、供養某佛，或說一切如來都住在大光明天（其實是魔宮）。」

（六）求陰→力鬼

若於定中，樂處陰寂，貪求靜謐，則將感招大力鬼，附身者前來說法，令聽眾各知前世，或預告某人：「汝今未死，已作畜生。」敕使另一人於其後踏尾，頓令這人起身不得，於是大眾欽伏。或在佛律儀外，重加精苦，誹謗比丘，罵詈徒眾，訐露人事，不避譏嫌，好言未來禍福，毫髮無失。

（七）求知→鬼神

若於定中，心愛知見，貪求宿命，則將感招山林、土地、城隍、川嶽等鬼神附身之人，前來說法。說法之處忽有大寶珠，或魔化作畜生，口銜寶珠及簡策等奇異之物，或說某地藏有寶藏，或言十方聖賢潛匿之處。或多食藥草，或日食一麻一麥，卻形體肥充，又誹謗比丘，罵詈徒眾，不避譏嫌。或有宣淫，破佛戒律，師徒潛行五欲，或有精進，純食草木，無定行事，隨機應變，惑亂信眾。（古德指出經文應似抄寫顛倒，求陰→山林鬼神，求知→大力鬼，較合文脈）

（八）求通→精魅

若於定中，心愛神通，則將感招天地之間具有大威力的山精、海精、風精、河精、土精、草樹精魅、龍魅，或壽終仙再活為魅，精魅附身者前來說法，這人或手執火光，分於聽眾頭上，然無熱性；或水上行，如履平地；或於空中，安坐不動；或入瓶內，或處囊中；越牖透垣，曾無障礙；唯於刀兵，不得自在。自說是佛，身為居士，卻受比丘禮拜，誹謗禪律，罵詈徒眾，訐露人事，不避譏嫌。常說神通自在，或令人看見淨土，但其實只是鬼力惑人，並非真實，又讚歎行淫，以為傳法。

（九）求空→精靈

若於定中，貪求深空，則將感招經千萬年吸收日月薄蝕精氣的金玉、芝草、麟鳳、龜鶴而成的精靈，附身者前來說法，於大眾內忽然不見，又從虛空中突然而出，存沒自在，其身或如琉璃洞澈，或手足有檀香氣，或大小便有冰糖甜味，誹毀戒律，輕賤出家，常說無因無果、一死永滅。

（十）求壽→天魔

若於定中，心愛長壽，則將感招住世自在天魔，或派遣役使鬼、噉精氣鬼前來擾亂，魔附身者說法，好言可於他方往還，或經萬里瞬息再來，並能取得他方之物為證，或在一宅中，令人從東牆到西壁，急行不到，因此生信。口中常說：「十方眾生皆是吾子，我生諸佛、我出世界、我是元佛，出世自然，不因修得。」或者，修行人獨自觀見執金剛神現身，傳長壽法，魔又現美女身，與之盛行貪欲，旁人或見其自言自語，未逾一年半載，卻肝腦枯竭而死。

末法時代，魔強法弱

十種想陰魔境，皆由圓定心中妄起貪求之念，古德云：「譬如麟角未成，輒思飛躍；羽毛不足，便擬扶搖；所謂學未優而求仕，丹未成而先吞。」如此躁進，勢必求升反墮！但若如法精進，一念不生，如幻修證，則何善不能得！《楞嚴經》更叮嚀：「這些魔道於末世時，或假裝出家修道，或附人體，或自現形，都說自己已成正遍知覺，讚歎淫欲，破佛律儀，師徒淫淫相傳，在佛圓寂之後九百年，正法將盡之時，至佛滅後三千年，末法來臨的初期，逐漸道高一尺，魔高一丈，魔強法弱，愈來愈令真想修行之人總為魔眷，命終之後必為魔民。」這時更要以《楞嚴經》為「照妖鏡」，徹照末法時代的魔道亂象，保護眾生安全修習正法！

《西遊記》的降魔修練

——《楞嚴經》五陰魔境

明代吳承恩（一五〇一—一五八二）的《西遊記》，為我國四大小說之一，也是神魔小說的代表。《西遊記》雜糅佛教、道教思想，反諷現實政教問題，以唐三藏法師率領孫悟空、豬八戒、沙和尚、白龍馬，去西天取經為故事主軸，沿途妖魔鬼怪橫行，難逃悟空的「火眼金睛」的辨識，師徒一路必須完成降魔伏妖的修練，才能取得真經，修成正果。

這過程和《楞嚴經》中，禪修要透過五十陰魔考驗方能成就，有異曲同工之妙。西遊故事中，前人指出許多「隱喻」暗合道妙，有禪機、有華嚴、有唯識、有另類五十三參、有遊戲三昧、有天龍八部，本文也將從佛法及《楞嚴經》的「五陰」角度進行詮釋。

唐三藏的八十一難

《西遊記》中的唐僧，前世是佛祖的二弟子金蟬長老，佛祖道：「因為汝不聽說法，輕慢我之大教，故貶汝之真靈，轉生東土。」唐僧今生必須完成佛法東傳的大任而西行取經，總須歷經九九八十一難，方能修成正果。

佛教將「我執」分為理惑與事惑，理惑是對真理的迷惑，體悟真理即可斷除理惑，不過縱知真理無我，但在事上仍會生起貪、瞋、癡、慢的執著心態，這是事惑。輪迴中的「三界」事惑，恰好分為九地各九品，共八十一品。所以可說，金蟬子已經禪悟真理之光，有見地但欠事上磨鍊，須藉西遊修練，金蟬脫殼，蛻變再生。

唐僧自幼失卻雙親，是在河中撿來的「江流兒」，佛門有說「無明為父，貪愛為母」，據此可說唐僧是離卻無明與貪愛、慧根具足的靈童，卻仍漂流於三界中，有待琢磨發光。佛家對於流轉生死有「十二因緣」之說，以「無明」為始，產生盲目之「行動」，招感投胎的「神識」，在母胎中形成「名（精神）色（物質）」與

「六入（眼、耳、鼻、舌、身、意）」，出胎後，「接觸」外境，產生「感受」與「貪愛」，繼之「執取」而「擁有」，又形成下一世的「生命」與「老死」。以「十二因緣」觀之，「三藏（經、律、論）法師」代表「還滅涅槃門」及對理想的無比堅持，四位徒兒代表「流轉生死門」，三藏要引領徒兒取得真經，還歸真理。

若以「五陰」來說，唐僧代表心性的主體「識陰」，四位徒兒分別象徵色、受、想、行等四陰；四位徒兒也可視為三藏內心中的一個側面，都是「自性眾生」。就如唐僧西行，遭遇困境，有時懦弱哭泣或驚惶失措，唐僧實須面對自己內心的種種問題，發揮各種潛能，才能成佛，轉五陰成五智之後，唐僧即名為「旃檀功德佛」。

沙悟淨的琉璃心燈

沙僧原是天上捲簾大將，只因失手打碎玻璃盞，被貶下凡，於流沙河作怪吃人，每七日遭受飛劍穿心之苦。捲簾與玻璃盞皆表示內外通透的智慧，打破玻璃盞就是無明，自會溺沒流沙河中；玻璃破碎、心乏智慧，則感招飛劍穿心。以十二因緣觀之，沙僧代表「無明」。

沙僧打破心燈，被流沙覆蓋，一片黑暗，可說是墮入《楞嚴經》所謂的「色陰」境界，色陰境界是被物質表象迷惑，以致看不見事物本具的內在光明，超越色陰則能看見一切物質，其實都如琉璃般通透光明。

吃人戴骷髏項鍊的沙妖，在三藏座下皈依之後，痛改前非，取經途中，最善用心，洞達人情事故，調和唐僧、悟空、八戒的衝突，和合破鏡，眼明心亮，將功補罪，「晦氣色臉」的沙僧，終於修成「金身羅漢」。

豬八戒的食色性也

領導天河水兵的天蓬元帥，在宴席醉酒後，調戲嫦娥，因此被貶下界，投胎豬身，豬表示「食色性也」。豬八戒好吃好色，而「八戒」是指不食五葷及三肉，葷腥原本就助長食色，所以戒之。

以十二因緣觀之，豬八戒代表「識、名色、六入、觸、受、愛」，投胎以貪色為根，食色是身心存在的根本性的受與愛，可代表「受陰」，廣如經說「飲酒噉肉，廣行淫穢」之類。豬八戒的貪吃好色常惹出麻煩，後來佛祖派他為「淨壇使者」，管理收拾供品，以淨心吃齋對治食色之性。同樣，《楞嚴經》中也特別強調戒淫、茹素、戒除五葷。

孫悟空的降魔伏心

花果山的仙石吸收天地日月精華之後，石中突然蹦出靈猴，正如《楞嚴經》說：「日月薄蝕精氣，金玉芝草，麟鳳龜鶴，經千萬年，不死為靈。」這種精靈得到空靈之性，能從有入空，從空出有。石猴稟性頑劣、執著，卻也聰慧，悟空能上天下地，七十二變，觔斗雲一翻十萬八千里，如意棒隨意大小，這也表示眾生各種古靈精怪的心態，《楞嚴經》說在「想陰境界」中，貪求神通善巧、貪求經歷世界、貪求契合自心喜好等，這正是「心猿」的寫照。以十二因緣觀之，悟空代表

「取、有」，執取追求而有成就。

悟空學道過程，類似《六祖壇經》中的惠能，天性聰穎，能悟空性，是大根器。但也因此，悟空大鬧天宮、強名「齊天大聖」，一身傲氣，正似《楞嚴經》所說：「其心猛利，志齊諸佛，謂三僧祇，一念能越，……我慢無比，其心乃至，上不見佛，下不見人，失於正受，當從淪墜。」所以悟空被佛祖壓在五行山下五百年，這是要告訴悟空：「你雖然神通廣大，但其實尚未『跳脫五行外，不在三界中』。」先折服之，然後讓悟空追隨三藏取經，降伏魔性。

悟空後來因為被「緊箍咒」羈束，不敢胡作非為，但是正如《西遊記》所說的「魔自心生」、「菩薩、妖精，總是一念」、「二心競鬥」，悟空心中仍想當狂傲不羈的山大王，因此冥冥中招感耳聰目明、善於模仿的「六耳獼猴」，變作悟空形象，做出悟空想做卻不敢做之事，悟空發現後，兩猴大戰，不分勝負，沒人分得出真假悟空，直到佛祖用缽扣住六耳獼猴，悟空將其一棒打殺才了。

此後悟空變了性情，真心順服三藏，成為真實的佛「孫」。悟空被佛祖封為「鬥戰勝佛」，這其實是指戰勝自己，看清自己的張狂個性，一棒打死自我的傲慢自大，勇於向道。這也正是《楞嚴經》說的善惡兩心交戰，「用心交互，故現斯事」。

白龍馬的精進精神

東海龍王三太子敖烈，縱火燒毀天帝賜予龍王的寶珠，又吃掉了唐僧的白馬，所以被罰做白馬，將功贖罪。白龍馬一路任勞任怨，默默前進，正代表龍馬的精進精神。白龍從無明火的妄行，成為白馬的精進力行，以十二因緣觀之，正是「行」，也是五陰中的「行陰」，但這「意馬」卻轉惡行為善行，因此白龍馬後來成為「八部天龍廣力菩薩」，做為眾生精進向善的表率。

唐僧西行之初發願：「我這一去，定要捐軀努力，直至西天；如不到西天，不得真經，即死也不敢回國，永墮沉淪地獄。」西天取經是以願導行，斬妖除魔，度自性眾生，如果不能降伏貪欲、瞋慢、癡暗、懈怠、懦弱，自己無異也是妖魔鬼怪，必然永墮沉淪地獄。

行行重行行

——《楞嚴經》行陰十魔

禪修者超越「想陰」之後，動念浮想（第六識的擾動）消滅，心如晴空，亦如明鏡，能照見出生萬物的宇宙波流「同生基」（第八識雜染第七識的種子流變），即進入「行陰區」。行陰顯現為難以窺見、幽清擾動的宇宙波流，牽引眾生的生來死去，形成「眾生濁」，這是透過眾生念念執我的「幽隱妄想」所成。

想陰盡，類似四禪「捨念清淨」以上，乃至於「識無邊處」（宇宙充滿心識，這是第七識內緣第八識所反映的境界），擁有神通不足為奇，不會再被鬼神的魔通迷惑。所以，經中「行陰十魔」，指的是修行人自己的心魔。

行陰十魔六十二見

行陰區的禪修者，在宿命通的觀察之下，甚至可以照見過去八萬大劫，達到世間眼通的極限，這時往往會產生種種外道知見，來解釋宇宙真相：

（一）二無因論

1.本無因：禪觀中照見八萬劫內所有眾生輪迴其中，但對八萬劫外卻冥無所觀，便認為十方眾生，八萬劫來無因自有。

2.末無因：禪觀中知見八萬劫來，人生人，烏生烏，人天本豎，畜生本橫，從無改移，便認為一切物象皆是無因，自然如此。

（二）四遍常論

1.心境計常：禪觀中窮覽心與境，能見二萬劫中，十方眾生的心境生生滅滅，相續不斷，計以為常。

2.四大計常：禪觀中窮覽地、水、火、風等四大，能見四萬劫中，十方眾生的生滅無常之中，四大體性不曾散失，計以為常。

3.八識計常：禪觀中窮盡心意識等八識，能知八萬劫中，一切眾生於輪迴循環中八識不失，計以為常。

4.想盡計常：滅盡想陰，進入更為幽微的行陰生滅中，卻粗心誤認行陰已是不生不滅，計以為常。

（三）四半常論

1.自他正報：禪觀中見自己的行陰之心，湛然遍十方界，以為是究竟的神我，而一切眾生在我的心中自生自死，則我的心性是常，眾生是無常。

2.國土依報：遍觀十方國土，見到有些國土處於壞空消失的狀態，便名為無常；見到有些國土處於成住狀態，便認為那是究竟常住之土。

3.己身己心：觀見自己的行陰之心，精細微密，流轉十方，性無移改，名為常性；而心性的流轉力量，能帶動身體，生、老、病、死，生滅無常。

4.身心四陰：觀見行陰常流，而色、受、想等三陰，今已滅盡，名為無常。

（四）四半邊論

1.心的三際：照見行陰流用不息，以現在的相續心為無邊無際，但過去已滅、未來未至，則是心的邊際。

2.時間前後：不見八萬劫前，名為無邊；八萬劫內，名為有邊。

3.我大彼小：認為自我遍知，得無邊性，彼一切人顯現於我知之中，名有邊性。

4.半生半滅：行陰生滅不已，滅時以為進入無邊空境，生時則名為有邊。

（五）四種有無矯亂虛論

有崇拜「不死天」的外道，認為自己說法善巧不亂，被佛批評為「真矯亂」：

1.八亦矯亂：觀察行陰，遷流名「變」，相續名「恆」；能見名「生」，不見名「滅」；滅後又能相續名「增」，生又必滅名「減」；生處名「有」，亡處名「無」。有人來問則答：「我今亦生亦滅，亦有亦無，亦增亦減。」於一切時，模稜亂語，虛論不實。

2.唯無矯亂：諦觀自心，有總歸無，人問則答「無」。

3.唯是矯亂：諦觀自心，無總生有，人問唯答「是」。

4.有無矯亂：有無俱見，人問則答：「亦有即是亦無，亦無不是亦有。」有無雜亂，失去標準。

（六）死後十六有相論

認為死後仍有身心存在，或者貪求固身，認為「色是我」；或者見我心含遍國土，認為「我有色」；或者色法隨我運用，認為「色屬我」；或者認為我在色法生滅之中，云「我在色」。如是色、受、想、行四陰，共有十六相，更分析煩惱與菩提兩性，各不相關。

（七）生死八種無相論

經歷色、受、想三陰滅除，料想行陰也當銷散，如此，四陰於生前、死後，共計有八無相，更計涅槃因果一切皆空，究竟斷滅。

（八）死後八種俱非論

同前，經歷色、受、想三陰滅除非有，料想行陰也當銷散，但行陰現仍非無，同理，所以四陰應也都非無，如此，四陰非有非無，八種俱非，隨得一緣，皆言死後有相無相，虛實失措。

（九）死後七際斷滅論

觀察生都歸滅，或四洲、或欲界天、或初禪、二禪、三禪、四禪、或四空天，不論七際，都歸於死後斷滅。

（十）五現涅槃論

觀察滅後復生，或以欲界天圓明，或以初禪無憂，或以二禪無苦，或以三禪極悅，或以四禪苦樂二亡，總都將五處有漏天，誤認為已是現證到究竟安穩的涅槃永生之境。

從行陰境界，引發十類外道，其實不出生、滅，或斷、常，或空、有，卻廣涉對於因果、心境、四大、八識、自他、依正、身心、五陰、時空、增減、生死、我相、人天等角度的觀察思維，大體前五類是以時空內的各種存在狀態為主題，後五類則以生死問題為著眼點，所有共計六十二見，這與一般所說的「外道六十二見」的數目相同，實際的內容也頗相類似，可知《楞嚴經》行陰十魔的內容，刻意配合外道六十二見，這些外道以迷為解，若更自言登聖，成大妄語，或更毀謗佛法，貽誤眾生，都種下了墮落無間地獄的種子，求升反墮，得不償失。

宗教亂相與宗教和諧

明末的蕅益智旭大師，對宗教亂象十分感慨：

想陰既伏，天魔已不得便。今之六十二見，皆是自心所起魔孽耳。嗚呼！末世暗證之流，所有邪悟，較此外道，更為淺陋，而門庭高豎，妄稱宗匠，遍於域中，亦可悲也。

行陰區的外道似乎擁有深廣的禪定神通，但在經中指出他們「得少為足」，可惜自己心魔作孽，功虧一簣。末世邪悟而自稱宗師者，比比皆是，更是小小悟境就妄自尊大，根本無法與行陰區外道相提並論，這也是可悲可嘆的！

中國儒家易學講「天行健」，天道生生不息是仁慈精神的表現，大概也是將行陰當作天道，而以儒家仁民愛物的心境來體會行陰，但正如孔子說：「若聖與仁，則吾豈敢？」道家則以「無」為天道，這更相應於深沉縹緲的「識陰區」，但老子也說：「吾不知其（天道）誰之子（從何而來）？」雖然孔、老被尊稱為聖人，自己卻不如此自謂，世間的聖人以人天的善法來教導百姓，進而是可與甚深的佛法相互融通的，古大德明白釋、儒、道三家的分際，又開方便門，提倡「三教和會」或「三教同源」，引導眾善同歸於佛法，這也是佛法普度眾生與中國以和為貴的智慧展現。

神鬼神帝，生天生地

——《楞嚴經》識陰十魔

道家講：「大道造就了鬼神，造就了上帝，產生了天，產生了地。」又說大道的體性虛無，恍惚難測，窈冥寂寥，創生宇宙萬象的潛能真精隱於其中，這般的大道正是《楞嚴經》指出的「罔象虛無」的識陰區。

當禪修者深入「生化萬物的宇宙波流」（行陰）的底層，「如波瀾滅，化為澄水」，就進入了識陰區，此時身心六根虛靜，內根外境都融入湛明的唯識本體之中，但是經中特別強調，識陰是眾生輪迴顛倒、六根攀緣的生命根本（命濁），識陰區只是看似湛澄，「此湛非真，如急流水，望如恬靜，流急不見，非是無流」，識陰區的微細生滅所形成的急流，難以察覺，所以更要小心。

三界頂天，識陰十魔

經中所述的識陰區宇，類似三界禪定最高處的「無所有處」、「非想非非想處」與「滅盡定」。若能安住於識陰區，則可超越牽引投生的業脈波流，但此處壽量以八萬大劫為限，並非永恆。識陰區的禪修者，融入唯識的本體境界，發現幽祕，若缺乏正見，則會產生種種的偏差見解：

（一）萬物本源的冥諦境

在識陰區，禪修者原先分化的六根知覺，會歸於同一識性，開合自在，且體認到這識性也是十方眾生共存共融的身命根源。若錯認這就是生化萬物的「真常因」，以此為修行所得所歸的果地，正如毘迦羅、拘舍黎等外道所歸的「冥諦」，都是此類。

（二）我生眾生的大慢天

在識陰區，禪修者體驗到這識性就是自我的本體，卻錯認我心能生，而所有眾生都是從我身中流出的事果，正如摩醯首羅（色界頂的大自在天）等大慢天，自認我能遍現、遍生無邊眾生，都是此類。

（三）生化世界的自在天

禪修者若錯認這識體就是真常不滅的神，自疑眾生身心及十方虛空，都是從彼流出，正如以自在天（欲界頂的魔王天）為真神者，都是此類。

（四）草木有情的大輪迴

識陰區的禪修者體悟到識性圓遍世界，若因此而錯認十方草木是與人無異般的有情生命，草木之靈可轉生為人，人死後也可成為草樹，則墮入有知、無知的錯亂計執，正如婆吒、霰尼等外道，執計一切萬物皆有知覺，都是此類。

（五）地水火風的拜物教

識陰區的禪修者略能體會到心物圓融的造化之理，倘若迷心從物，誤認四大常住不滅，是發生一切的根本，而求火光明、樂水清淨、愛風周流、觀塵成就，各各崇事，正如諸迦葉波等外道，勤心役身，事火崇水，求出生死，都是此類。

（六）虛寂斷滅的空無天

若禪修者因體驗到，識體之中滅除了一切群化差別的現象，遂而歸依於虛無永滅之境，空亡無心，正如諸舜若多等趣空天眾，都是此類。

（七）固身常住的長命仙

若禪修者誤認識體是圓滿常住，執著這生命根元，進而貪求固身常住，長戀塵勞果報，正如諸阿斯陀仙，妄求長命延壽，都是此類。

（八）縱欲享樂的天魔界

識陰區的禪修者體驗到眾生的識性命元互通，於識體之中一切世間紅塵都鎔融銷盡，但若卻因留戀塵勞而起邪思，以神通變現坐擁華麗的「蓮華宮」，廣化七珍寶物，多增寶媛美女，於熾塵中縱恣其心，以為是真實勝境，正如吒枳、迦羅等天魔，都是此類。

（九）定性聲聞的阿羅漢

禪修者於生命根元的識體顯現明白中，觀照因果報應的四諦之理，認清煩惱有漏為粗偽，無漏才是精真，見苦、斷集、證滅、修道，破除我執，達致涅槃，解脫輪迴，卻纏空趣寂，更不前進，則墮定性聲聞，成為小乘阿羅漢，諸無聞僧、增上慢者，亦是此類伴侶。

（十）定性緣覺的辟支佛

禪修者於相似圓融清淨覺明的境界中，觀照十二因緣的微細之理，破除我執，兼除習氣，達致涅槃，更不前進，則墮定性辟支，小乘的緣覺、獨覺，即是此類。

總之，識陰區的禪修者，若失去無執正念，則依各自所習所愛，在因果、能所、斷常、心物、真妄、天仙神魔、大小乘的抉擇上，或契入冥諦、或神我、自在天、草木有心、四大尊神、空無、長命仙、天魔等外道邪魔境界，或者成為佛教小乘的阿羅漢、辟支佛。外道邪魔退失定境之後，還復墮入輪迴；若兼大妄語，自謂證得無上覺悟，貽誤眾生，則更種下無間地獄的苦果種子；阿羅漢、辟支佛涅槃之後，則永脫輪迴，但不成增進，須待醒悟過來，才會迴小向大。

超越識陰，入佛境界

識陰區與佛境界可說只差臨門一腳，只剩一步之遙，如雄雞於凌晨的最後一鳴，東方天色已露曙光，但在這緊要關頭上，差之毫釐，卻天地懸隔，不可不慎。識陰盡則證入圓教初住位，開始實證佛性，六根互用，踏入萬法圓通無礙的佛境界。

菩薩階位依漢傳佛教分為：十信、十住、十行、十迴向、十地、等覺（差不多等同佛）、妙覺（佛），共五十二位。為何如此區分？其實，這五十二階位是依修學佛法的次第「信、解、行、證」而安立的，「十信」當然就是以信為首；「十住」古來也有稱為「十解」，住是安住真理，正是解；「十行」自是行，「十迴向」是行有所得，加以迴向，可說是行得高深了；「十地」向來都說是如大地廣博深厚般的證位，「等、妙覺」則是證悟真理的究極圓滿。

信解行證，不是只用在佛法的修學上，剋實而言做好任何事都有這四個層次，例如讀書，首先要有好的信念：「為何讀書？」讀書為明理、同時自利利他，理解書中所說，實踐出來，獲得成就，這就具備信、解、行、證。再以人生階段來說，也有信（孩童）、住（學生）、行（職員）、向（組長）、地（經理）、等覺（總經理）、妙覺（董事長）的次序：信如童蒙，立志成就，仰信大人；解如入學讀書，明理達道；行如畢業就職，實踐所學；迴向有如事業成就，精益求精，同時提攜下屬；登地以上則如人生達致高峰、巔峰、圓滿。

《楞嚴經》的全名《大佛頂．如來密因．修證了義．諸菩薩萬行．首楞嚴經》，經名依次搭配經文順序，同時也彰顯信、解、行、證的意涵：經文序分，「大佛頂」放光宣咒，代表仰信佛境界；開悟如來藏「如來密因」，則表悟解圓理；「修證了義」表示悟後實修；「諸菩薩萬行」表徵實證菩薩位階；「首楞嚴」則總收信解行證，含攝楞嚴大定的全體實踐歷程。

信、解、行、證，每一階段都通前貫後，信要在解行中去證明，佛法是智信非迷信，般若味重重，行行重行行，透過菩薩五十二階位，「圓滿菩提，歸無所得」，本心的完全開顯，即是如來。

尋找失樂園

——《楞嚴經》五陰幻境與《少年 Pi 的奇幻漂流》

導演李安於二〇一二年執導的《少年 Pi 的奇幻漂流》（*Life of Pi*，以下稱《少年 Pi》），描寫少年派（Pi）誕生在印度、自家開設的動物園中，從小接觸各種動物，他深具高度的宗教慧根，相信萬物都有神性，能夠和平相處；但在看到老虎攻擊小羊之後，理想破碎。

派要如何回歸神性的懷抱？人與獸或眾生之間的食物鏈關係，是否可解？若神創造宇宙，萬物皆有神性，人與獸、眾生與天地為何衝突不斷？萬物能否具有真正的和諧之道？這些都是派終生要參究的功課。

以下將從《楞嚴經》「五陰境界」的角度，解讀《少年 Pi》的寓意。首先略述五陰的意義，以表呈現如下：

五陰	意義	
五陰	陰是指「遮蔽」了智慧；五陰與八識是組成生命與宇宙的要素。	
色陰	指物質，質礙為義，是地、水、火、風四大種所造。	
受陰	感受	前六識，眼、耳、鼻、舌、身、意，所形成的認識。
想陰	思想	
行陰	特指第七識，指潛藏的我執根源，行陰區則指我執反映在萬法唯識變現上，所形成的生滅萬物的宇宙波流。	
識陰	特指第八識，指萬法唯識的根本識，實以顛倒夢想為性，但一般宗教卻認為這是神性、大道。	
佛性	在禪修中會依次超越五陰境界，超越五陰才能證悟佛性。	

大地眾生，色即是空

派的全家要移民加拿大，追求財富，但他認為哥倫布航海本來是要到印度，意外才發現美洲；印度是精神故鄉，他不想移民，但一家人仍堅持舉家遷移，並攜帶動物園的動物搭乘輪船。

在世界最深的海溝上，暴風雨來襲，暗夜之中大家都沉睡不醒，派兀自獨醒登臨甲板，觀賞風雨雷電，手足舞蹈讚頌神的力量，但隨即發生了船難，所有人都罹難，只有他在救生艇中漂流海上，這意味著他為了求道，必須獨自進入最深層的心海之中，所以他必須拋開世界所有的一切，單獨面對自心。

派被捲到海面下，在晶瑩剔透的海水中，看見燈光通亮的沉船，他必須拋開一切，才能浮上水面，象徵以通透光亮的精神之光，穿透頑固的「色陰」（物質現象），而能放下、捨離虛妄的色陰世界。

善惡苦樂，受即是空

派與瘸腿的斑馬、鬣狗、老虎、猩猩，同在一條救生艇上。後來鬣狗咬死斑馬，又攻擊猩猩，卻被猩猩一掌打昏，不過，鬣狗忽然醒來偷襲猩猩，這時派由恐懼轉為憤怒，要與鬣狗拚命，忽然躲在船艙裡的老虎一躍出來，咬死鬣狗，派落荒跳入海中。

心不繫於物質世界之後，感受即常成為生命的重心，從萬法唯心來看，瘸腿吃素的斑馬，代表形式化卻無力的弱小善念，不敵惡念；而猩猩與鬣狗之戰，則是有覺知力的善念能將惡念壓伏，但惡念卻隨時伺機而動，又擊垮鬆弛的善念；之後，派與鬣狗的善惡對峙，這憤怒互相毀滅的心，卻引來潛藏心底的最大惡念「我執」的爆發（第七識映現於第六識上），老虎以山大王的姿態出現，壓伏一切。

派躲在救生艇旁自製的浮筏上，寫下瓶中信，奮力擲出，希望能有人看見，但電影此時拉長畫面，在海天蒼茫、金光搖曳的寧靜海面上，派孤立其中，瓶中信只泛起微不足道的漣漪。當內心波濤湧現，誰都想逃開獨自面對深層的內在感受，但又有誰逃得開呢？

派從小深信萬物和諧，但獸性、人性與神性如何和諧，是他向來的疑惑。此時如何與老虎相處，正是對派的實際考驗，他開始準備馴服老虎：首先吃素的派為求保命，殺魚餵食老虎，後來自己也開葷了；老虎落水，派本可趁機殺死老虎，但他心軟，反倒救起老虎，……這過程正如禪宗馴服自心的「牧牛圖」，但他的「伏虎圖」更加刺激更有膽識，勇於面對內在貪、瞋、癡的感受，以智導情，漸漸走出自我中心的「受陰」（感受包覆）心態。

心海深處，翻騰而出

在派與老虎和平共存之後，深夜海面下燐光點點，大鯨魚浮現。這是派以慈愛化牧我執（第七識）之後，進入充滿巨大能量的心靈更深處（第八識表層），自鯨魚躍出後，老虎的力量顯然再也微不足道。天亮，忽然從海底又躍出大群飛魚，如千軍萬馬急奔而來，成為派與老虎的飲食資糧。派勇敢向老虎叫陣嘶吼，搶得大魚，確立了他的領導地位，這正是「識陰區」所潛藏的萬物種子宣洩而出的意象，如同瀑流，萬物得之而生。

滿天繁星的寂靜黑夜，老虎與派忽然看進海底世界，光怪陸離，各種記憶的拼盤也在海底浮現；回神後，他與老虎相視默然。這是窺進心識與萬物的源頭「識陰區」深處，萬法唯識所生，識陰（第八識）也儲藏一切記憶，各種形成萬物的潛能都祕藏在此。

宇宙神性，想即是空

如何求生，如何伏虎？派依照救生艇中的求生手冊，以及過去在動物園的經驗，加以規畫，又常記錄所見所思。狂風暴雨又至，派憑以慰藉的寶貝筆記本被狂風無情吹走，面對天地神性的力量，語言文字消失無用。之後，派與老虎隨著暴雨波濤晃盪一夜，精疲力竭，翌日雨過天晴，派克服對老虎的恐懼，擁抱老虎等待死亡來臨，卻逐漸昏睡而去。

派醒來之時，船竟漂流到世外桃源的小島上，島的形狀正似創生宇宙的毘濕奴神。但派終於認清，如果他繼續待在島上，將悄然無聲地安息於此，派決心再度出航，與虎同伴，重返世間。船漂流到岸後，老虎頭也不回沒入叢林之中，派好失望。派後來感嘆，人生一路不斷放下，曲終人散，但最痛心的就是沒能好好道別。

狂風暴雨、海濤洶湧，象徵由「識陰」挾帶「我執」而來的「行陰」，行陰顯現為成毀萬物的宇宙波流「天道」，必須超越思想性的「想陰」才能體會。進而克服我執，無我才能達到識陰區中的小乘涅槃境地，派在行陰大浪中物我兩忘，超脫生死，終於達到象徵涅槃寂靜的彼岸樂園。但這是離群索居、自我解脫之境，帶著精神之光，重返世間才是大乘精神。在驚濤駭浪中，派更加相信神，更能體驗神性，將神性之光帶入人性與獸性之中。

五陰幻境，奇幻漂流

人生不斷經歷而超越，萬物不斷消逝無蹤，自我彷彿也消失了，派本來可以活得更加超然灑脫，但他是「悲增上菩薩」的性格，仍放不下失去的自我與舊日夥伴，且又錯認行陰是神性表現，終究未了甚深空性，仍漂流於奇幻的五陰境界之中。

宇宙萬物的生存衝突，在神性思想下始終不可解，唯有佛法的唯心緣起，回歸佛性的寧靜和諧，勘破五陰虛妄，才能徹底解開物我對立，各各成佛無礙，找回失落的淨土樂園。

智慧人 32

楞嚴經新詮

A New Synthetic Interpretation of the Shurangama Sutra

著者	李治華
出版	法鼓文化
總監	釋果賢
總編輯	陳重光
編輯	林蒨蓉
封面設計	小山絵
內頁美編	小工
地址	臺北市北投區公館路186號5樓
電話	(02)2893-4646
傳真	(02)2896-0731
網址	http://www.ddc.com.tw
E-mail	market@ddc.com.tw
讀者服務專線	(02)2896-1600
初版一刷	2018年1月
初版四刷	2023年12月
建議售價	新臺幣360元
郵撥帳號	50013371
戶名	財團法人法鼓山文教基金會一法鼓文化
北美經銷處	紐約東初禪寺 Chan Meditation Center (New York, USA) Tel: (718)592-6593 E-mail: chancenter@gmail.com

法鼓文化

國家圖書館出版品預行編目資料

楞嚴經新詮 / 李治華著. -- 初版. -- 臺北市：
法鼓文化, 2018. 01
面； 公分
ISBN 978-957-598-771-8（平裝）

1.楞嚴經

221.94 106022185